COSAS QUE DECIR SIN LENGUA

Primera edición: abril de 2023

© 2023, Mike Fajardo
© 2023, Penguin Random House Grupo Editorial, S. A. U.
Travessera de Gràcia, 47-49. 08021 Barcelona
© 2023, iStock Photos, por las ilustraciones de interior

Printed in Spain – Impreso en España

ISBN: 978-84-19366-42-9
Depósito legal: B-2.825-2023

Impreso en Limpergraf
Barberà del Vallès (Barcelona)

AL 6 6 4 2 9

MIKE FAJARDO

COSAS QUE DECIR SIN LENGUA

Alfaguara

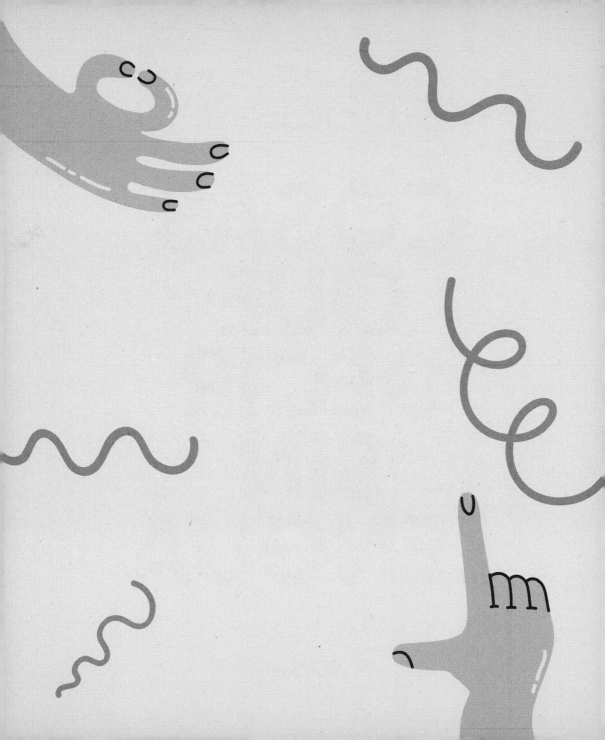

ÍNDICE

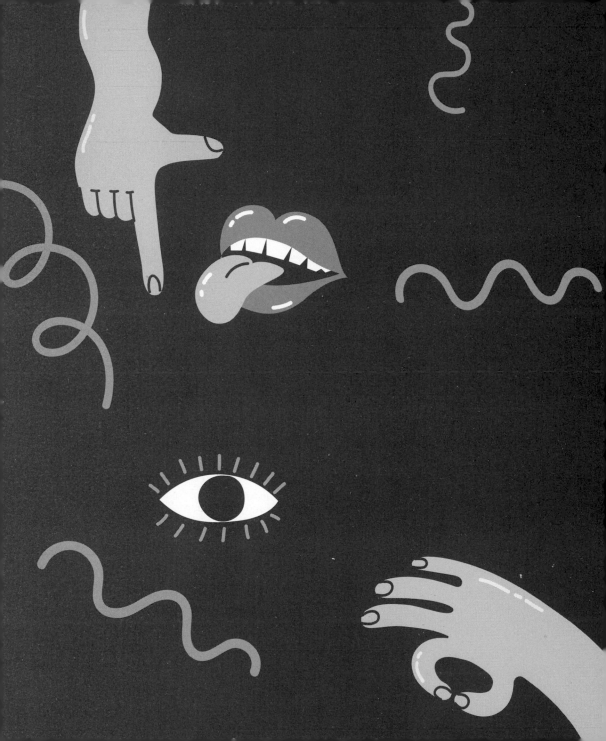

INTRODUCCIÓN

Desde que era pequeño, hay una cosa que siempre me ha llamado la atención: saber qué es lo que piensan de mí otras personas cuando no me lo están diciendo. Y es que hay muchísimas situaciones normales y corrientes en las que no puedes saber lo que realmente piensa la gente, pero tienes muchísimas ganas de saberlo. Por ejemplo: ¿le estoy cayendo bien a este tío que acabo de conocer? ¿Le gusto a la chica de clase que me pone ojitos o solo me lo estoy imaginando? ¿Le interesa a este grupo de gente lo que les estoy contando o, por el contrario, estoy siendo un plasta de narices y no saben cómo decírmelo?

Un momento, ¿he dicho que NO puedes saber lo que piensa otra persona? Quería decir que SÍ puedes… Pero solo si sabes cómo, claro.

Hay muchísimos pequeños detalles que te dan información y te cuentan a gritos lo que sienten y piensan los demás de ti, aunque no lo expresen con la voz. Desde la manera de mirarte, hasta los gestos que hace una persona al hablar o la posición que ocupa alguien en un grupo de amigos… Es increíble todo lo que pueden revelar estas cuestiones sobre cómo se sienten cuando están contigo y con los demás, ¡y mucha gente ni siquiera es consciente de que lo hace!

Es curioso cómo puedes llegar a gustarle mucho, pero que mucho, a una persona que te interesa con tan solo observarla en su día a día… Ojo, sin ser un *stalker*, por supuesto, me refiero sencillamente a mirar con atención lo que esa persona quiere mostrarnos, ¡nada más!

Ahora mismo, incluso a través de un vídeo en TikTok o en YouTube, se pueden analizar un montón de aspectos de la gente y de su forma de ser, simplemente viendo cómo se desenvuelven y comunican ante la cámara. ¡Hasta una foto puede contarnos cosas de las que a simple vista no nos damos ni cuenta!

En este libro, te acompañaré para adentrarnos en el mundo de la comunicación no verbal y para aprender cómo descubrir lo que la gente piensa de nosotres sin necesidad de hablar con elles, solo prestando un poquito de atención a su expresividad, sus gestos, su postura corporal, etc. Quizá ahora te estés preguntando cómo he adquirido yo estos conocimientos. Pues ya te digo que mi aprendizaje viene de lejos.

Cuando era más pequeño, vivía perdidamente enamorado de una chica que tenía un año más que yo. Hablaba con ella algunas veces, pero nunca era capaz de distinguir si el «enano de turno» (es decir, yo) tenía algún tipo de posibilidad con ella o si solo estaba soñando. Un buen día, mientras estábamos en un campamento de verano, un amigo me susurró al oído: «Bro, ¿eres consciente de cómo te mira X todo el rato?». Hasta ese momento, la verdad es que yo no me había dado cuenta, aunque sí es cierto que a partir de entonces empecé a prestar más atención. Cuando estábamos todos en grupo, me intentaba fijar en si ella me miraba, aunque no estuviéramos hablando, en si su cuerpo se orientaba hacia mí y muchos otros detalles. Poco a poco, empecé a observar comportamientos y rasgos que, más allá de lo que hablásemos ella y yo, me dieron la sensación de que quizá yo sí le podía interesar un poquito.

Así que al final del campamento, en una especie de fiesta de gala que hicimos, me atreví a pedirle que bailara conmigo. Una cosa llevó a la otra y, gracias a estar pendiente de su lenguaje corporal y estar atento a ella, al final de la noche… ¡nos besamos!

Esto es lo que te quiero transmitir, al fin y al cabo: prestando atención a lo que hace otra persona y a cómo se comporta, consciente o inconscientemente, podemos llegar a conocerla mucho mejor. Seremos capaces de acercarnos a una persona que nos atrae de una manera mucho más segura, sabiendo ya de antemano si hay alguna posibilidad o no, asegurarnos de proporcionarle un ambiente cómodo y de confianza, ¡e incluso llegar a conquistarla!

¡Somos lo que hacemos!

LA IMPORTANCIA DE LA COMUNICACIÓN NO VERBAL

¿Nunca te ha pasado que le has mandado un wasap a un colega, o a un ligue, y se ha malentendido por completo? Lo que tú querías decir y lo que ha entendido la otra persona no han tenido nada que ver. A lo mejor tú pretendías hacerle una pregunta sin más, pero tu amigo se ha pensado que estabas rayado o cabreado con él por algún motivo, o la chica que te gusta se ha tomado un comentario sincero como un ataque personal… Nos ha pasado a todos. Esto es porque han interpretado tus palabras de manera errónea, y eso es lo que les pasa a las palabras en todos los idiomas: tienen muchísimas interpretaciones. Entre otras muchas razones, esta es una de las que hacen que la comunicación no verbal sea tan importante: nos permite

comprender el sentido de las palabras de la gente, nos da pistas para saber cómo entender lo que nos quieren decir y, al mismo tiempo, nos ayuda a que el mensaje que queremos enviar llegue correctamente y sin malentendidos de por medio.

Te pongo un ejemplo: las expresiones faciales. ¡Hay millones! Y casi siempre van a revelarnos en qué sentido está diciendo una persona lo que nos está contando: si está enfadada, contenta, bromeando, si siente vergüenza… o, incluso, ¡si le gustas! Escuchar las palabras en sí mismas es importante, sí, pero también lo es saber entender los gestos que las acompañan, las miradas, la posición del cuerpo cuando las pronuncia… Si nos quedamos solo en la parte más superficial, es como si viéramos una película sin mirar la pantalla. El lenguaje no verbal es una parte imprescindible de la comunicación, de manera consciente o no, y si nos olvidamos de él estaremos perdiendo la mitad del mensaje.

Lo cierto es que conseguir lo que quieres cuando te comunicas con alguien es mucho más sencillo si sabes lo que te está comunicando y lo que comunicas tú de manera completa, no solo a medias; es decir, conseguir caerle bien a una persona, o que se sienta cómoda contigo, o que esté receptiva a algo que intentas pedirle. Hay que saber cómo acercarnos a nuestro interlocutor, en primer lugar, cómo «entrar»; para esto es fundamental, antes de nada, observar y analizar con cuidado todo lo que rodea a la conversación.

Te voy a poner un ejemplo: imagínate que te acaban de invitar a la fiesta de un amigo y quieres conseguir que tus padres te dejen ir. Tu primera entrada, en este caso, será acercarte a ellos y comentárselo con palabras (bueno, puedes hacerlo con marionetas, si quieres, pero probablemente sea menos efectivo). Según la cara que pongan tus padres y los gestos que hagan, estoy convencido de que sabrás su respuesta antes de que digan ni una palabra, fijo. De hecho, vamos a imaginar que ya sabes que su respuesta va a ser que no. A lo mejor es porque has sacado unas notas terribles, o porque el fin de semana pasado ya tuviste una fiesta, o porque ese finde quieren que les ayudes con alguna movida. Pero, aun así, tú lo intentas, que el «no» ya lo tienes. Y... ¿qué cara ponen? ¿Cómo pronuncian las frases al contestarte? Si notas que están incómodos, que tratan de responderte de forma razonable y darte motivos lógicos para no ir a la fiesta, en realidad es bastante sencillo conseguir que te den el sí, siempre y cuando interrumpas esa línea de pensamiento y adaptes la conversación a lo que te piden; sí, el finde anterior también hubo fiesta, pero ni la liaste ni nada, y después compensaste lavando los platos toda la semana, ¿no puedes hacer lo mismo esta vez? Tal vez haya suerte. Sin embargo, si desde el principio su respuesta es tajante y rotunda y, además, tienen unas caras de cabreo monumental por lo de las notas, es probable que no haya mucho más que hacer.

¿A que nada de esto te ha parecido demasiado difícil? De hecho, seguro que ya lo sabías. Y es porque parte de la comunicación no verbal que poseemos es innata en la mayoría de las personas, pero otra gran parte es aprendida o imitada. Para poder aprenderla correctamente, no solo hace falta que nos la enseñen bien, que tengamos desde peques modelos sociales que podamos seguir para que nos guíen, sino ser capaces de percibir esta parte de la comunicación y copiarla de forma efectiva. Hay a quien todo esto, de forma natural, se le da mejor y a quien se le da peor, pero quiero que sepas que puede entrenarse, igual que un músculo.

Lo que pasa cuando no controlamos bien nuestra comunicación no verbal es que aunque tengamos claro cómo queremos enviar un mensaje, puede que sin querer vaya por un camino totalmente opuesto. Quizá queremos ser majos, pero lo que acabamos provocando es que desconfíen de nosotres porque nos noten raros, y, de esa forma, perder nuestra propia confianza: si por mucho que queramos hacer amistades, la gente no responde a nuestros intentos, es lógico quedarse chof y sentir inseguridad.

Ojo, que esto no nos pasa solo a los seres humanos: el lenguaje no verbal es un comportamiento muy animal, de hecho. ¿No habéis visto nunca un vídeo de gatos haciendo el tonto y asustándose sin motivo, o peleándose entre sí por nada? Los gatos, los perros y muchos otros animales también tienen su lenguaje corporal propio: posturas de dominio, de intimidación, de sumisión, etc. No dejan de ser comportamientos muy cercanos a los nuestros, incluso en sus rituales de cortejo y apareamiento como los pavos reales mostrando la cola o en las complejas jerarquías que tienen muchos primates. ¡Y es que nosotres también somos primates, qué le vamos a hacer!

¿Para qué sirve, entonces, la comunicación no verbal?

Nos sirve para dejar clara nuestra postura frente al tema que estamos tratando. Nos sirve para repetir y reforzar un mensaje que acabamos de decir con palabras, como cuando movemos la mano al saludar o a la hora de despedirnos. Nos sirve para sustituir lo que diríamos con palabras, incluso, porque no hace falta decir «hola» si ya estás moviendo la mano, ¿verdad?

EN GENERAL, NOS SIRVE PARA ACLARARLE A NUESTRO INTERLOCUTOR CÓMO NOS SENTIMOS EN ESE MOMENTO, Y PARA QUE ÉL NOS TRANSMITA TAMBIÉN SU SENTIR.

Podemos mostrar agrado, interés, decepción, disgusto, tristeza, alegría... Y, con esta información, tomar decisiones de cara a nuestra conversación. ¿Qué es mejor? ¿Cambiar de tema si le estoy aburriendo o seguir hablando de lo mismo? ¿Ha entendido lo que quiero decir o es necesario reforzar el mensaje? ¿Quizá se cree que estoy más preocupado de lo que estoy y por ello debería restarle importancia al problema que le estoy contando?

Todo esto y más lo podemos hacer gracias a la comunicación no verbal, que tiene lugar de manera simultánea a la verbal y que nos aporta estos datos constantemente: ¡solo tenemos que fijarnos!

PAUTAS NO VERBALES

Hay una serie de pautas más o menos sencillas con las que me gustaría comenzar, que pueden ayudarnos a conseguir que nuestro discurso cale más en la gente y que nos escuchen prestando más atención e incluso que gustemos más.

También debemos recordar que no todo el mundo puede llevarlas a cabo en la misma medida, y que no son aplicables a todas las culturas ni en todos los ámbitos, pero, por lo general, la mayoría de la gente, sobre todo en ámbitos formales o de trabajo, suele responder bien a estas pautas.

1.   La sonrisa, ¡siempre por delante!

Aunque seamos primates, como he dicho antes, tenemos una ventaja respecto a nuestros primos los chimpancés, y es que ¡podemos sonreír! Bueno, en realidad ellos también pueden, pero su sonrisa no significa lo mismo que la nuestra: la suya es una sonrisa amenazadora que indica que quieren atacarte y que deberías salir corriendo, mientras que la nuestra señala que estamos alegres, que nos gusta lo que vemos u oímos y que es una situación con la que nos sentimos cómodos (aunque en realidad no lo sea). Por eso tendemos a sonreír en momentos tensos, cuando no queremos reconocer la tensión de la situación. La sonrisa es fundamental como carta de presentación, tanto si vas a exponer un tema, como si vas a iniciar una conversación o a conocer a alguien, y además produce en la otra persona lo que conocemos como «efecto espejo»: también se sentirá

más cómoda contigo y con la situación. Genera un ambiente sano y positivo, ¡a menos que sonrías como un chimpancé con instintos asesinos! Una risa forzada y falsa queda fatal, puede provocar lo contrario a lo que deseas, ¡y arruinar por completo todos tus planes! (Que esperemos que no sean malvados…).

2.   La expresión es importantísima

El grado justo de expresividad es algo que nos cuesta pillar a veces, y la verdad es que es un equilibrio delicado. Puede parecer una tontería, pero cuando nos falta se nota, y cuando nos sobra, también. La expresión facial es nuestra mejor herramienta para que entiendan qué queremos transmitir. Hacerlo correctamente genera muchísima empatía, porque permite que se comprenda lo que estamos sintiendo en una situación concreta y por qué; así, nuestro discurso cala en los demás, y también nuestras emociones, preferiblemente si son positivas. Pero no te olvides que si te pasas, darás una impresión falsa: hay que pensar en cómo lo haría un actor en una película. Ya sabemos que si sus gestos son demasiado exagerados no nos lo creemos. Si apoyamos exageradamente la cabeza en la mano para pensar, al mismo tiempo que fruncimos el ceño y decimos «mmm» como una caricatura, no parecerá serio. Y si cruzamos los brazos y las piernas muy fuerte a la vez, pensarán que nos cerramos a la conversación o ¡que tenemos un frío tremendo!

3.   Ser claramente visibles

Cuando un orador habla en público, lo suele hacer en un escenario, tarima o cualquier lugar alto y despejado. La gente se sienta para escucharle hablar y para no taparle la visión a los demás, y así se puede entender mejor lo que está diciendo, ¿verdad? El mismo principio se aplica cuando hablamos con los demás. Es importante que nos vean aparte de oírnos; que tengamos la cara despejada y descubierta, que no haya objetos ni otras personas que nos tapen o bloqueen la línea de visión. También apela a cierta cuestión más instintiva, más animal, ya que cuando mostramos las manos y tenemos los brazos y piernas estiradas, con los hombros abiertos y el pecho libre, no somos una amenaza. No tenemos un arma escondida para atacar ni estamos defendiéndonos de un ataque: eso es lo que transmite, en el fondo, esta postura abierta y despejada. Así, nuestro interlocutor ve que puede confiar en nosotres. Entonces, ¿cuál sería la postura ideal? ¡No te preocupes, que tenemos capítulos enteros dedicados a las posturas!

4.   Ayúdate de los gestos

Los gestos deben ser una herramienta más en nuestra comunicación y nos pueden servir de gran apoyo. Acompañan lo que estamos contando o explicando; de esta manera, se nos entenderá mejor y más rápidamente, evitando malentendidos y conduciendo la atención de la otra persona hacia dónde queremos que vaya. A menudo lo solemos hacer de manera natural, pero a veces se nos olvida lo importante que puede ser. Un ejemplo es darle una dirección a alguien y ayudarnos de las manos y los brazos para señalar en qué sentido debe tomar la calle; otro ejemplo es usar los dedos cuando enumeramos varias cosas de la lista de la compra. Todo esto ayuda a que la atención se fije no solo en las palabras, sino también en los gestos.

5. ¡Cuidado con los tics!

Hay algunos movimientos repetitivos que pueden dar la impresión de que estamos nerviosos, o de que no estamos prestando atención, ¡aunque no sea así en realidad! Otras veces sí, como lo típico de dar toquecitos en el suelo con la pierna constantemente por los nervios, por ejemplo. Y esto hasta puede hacer que quien se ponga nervioso sea tu interlocutor y que le preste más atención a tu pie que a lo que estás diciendo, o que te tenga que interrumpir para pedir que pares porque le distrae el ruido. Hay muchos movimientos que se pueden interpretar de esta manera, y más aún si repetimos una y otra vez el mismo: recolocarnos las gafas, darle vueltas a un mechón de pelo, rascarnos, jugar con un bolígrafo… Si necesitas hacerlo porque te ayuda a concentrarte, porque te pica o se te caen las gafas o, incluso, porque realmente sí estás nervioso, no es el fin del mundo, pero has de ser consciente de que influirá en cómo se te percibe.

6. Hay que tener cabeza

Nuestra cabeza es el objetivo visual de la mayor parte de la comunicación no verbal, y de la verbal también, porque, al fin y al cabo, es donde tenemos la boca. La cara y nuestras expresiones serán el punto de mira de nuestro interlocutor, así que debemos tener mucho cuidado en cómo la movemos y posicionamos. Es fundamental colocarla correctamente, ¡y ya no solo para que no nos dé tortícolis! Hay algo que se denomina «escucha activa» y que consiste en dejarle claro a la otra persona que la estás escuchando de manera consciente y presente y no pasando de ella; para ello, nos podemos ayudar de los gestos y la orientación de la cabeza. Si te cuentan algo, asentir levemente, sin pasarte y parecer que se te ha ido la pinza, para indicar que estás de acuerdo; si te hablan desde un lateral, girar la cabeza para escuchar. Mantener la barbilla arriba (pero sin mirar al techo, eh) denota interés por la conversación y por la otra persona.

7. Contacto visual

Aquí también hay que alcanzar un equilibrio que a algunas personas puede costarles más que a otras, pero es una de las cuestiones sobre las que más se nos juzga en una conversación: el mirar a los ojos. Se nos percibe como mucho más creíbles y fiables si miramos a los ojos de nuestro interlocutor, aunque no hayamos cambiado el discurso: puedes ser la persona más sincera del mundo, que si no le miras a los ojos cuando estás hablando, hay una alta probabilidad de que desconfíe de ti, ¡solo por eso! Ahora bien, si te pasas de la raya y miras demasiado fijamente, ¡también desconfiará! Te percibirá como una persona desafiante o inquietante, o harás que tu interlocutor se sienta observado con lupa. En el punto medio está la virtud, aunque puede ser difícil de encontrar. También hay quien opta por mirar a la frente, a la nariz o entre ceja y ceja, porque le incomoda mantener el contacto visual o le hace sentirse juzgado o desprotegido.

8. Sentarse bien

Pasamos la mayor parte del día sentades: ya sea en una oficina, en el instituto, en la universidad o en la silla del ordenador de casa; es importante sentarse bien. ¡Y no solo para no dejarte la espalda hecha polvo! Una postura controlada y correcta también influye en cómo nos perciben. Recuerdo que, cuando era más pequeño, tendía a recostarme mucho en la silla en clase, y esto se percibía como chulería y desinterés en lo que explicaba el profesor, ¡independientemente de si yo estaba prestando atención o no! Quizá te interesa transmitir chulería y parecer el más malote del barrio, y me parece genial, pero tienes que ser consciente de que eso es lo que transmites a los demás para no meter la pata solo por estar más cómodo. Estar en una posición erguida en la silla, en especial al hablar, genera una sensación de confianza y seguridad en ti misme hacia el resto. Los brazos bien apoyados sobre la mesa (sin apoyar los codos en la comida si es la mesa del comedor, hazme el favor) y nada de cerrar los puños ni de retorcernos en posturas extrañas, porque la percepción que tendrán de nosotres será peor. Parecerá que estás incómode y no quieres transmitir eso, ¿a que no?

9.   Para cuando estás de pie

Si te quedas como un pasmarote, va a dar la impresión de incomodidad; no queremos que parezca que estamos paralizades ante la situación. Para eso, cuando no sabemos qué hacer, en vez de quedarnos inmóviles, podemos intentar movernos ligeramente aprovechando el espacio; cambiar el peso del cuerpo de un pie al otro, estirarnos un poco, apoyar de vez en cuando las manos en las caderas... Esto, claro, siempre que se pueda y sin pasarnos, ¡ya estás viendo que hay que mantener un equilibrio en todo! Si nos movemos demasiado, también pareceremos raros. Una cosa crucial es no darle nunca la espalda a la gente con la que hablamos, sino apuntar con el cuerpo a las personas con las que estás teniendo una conversación. Si es un círculo, ve cambiando la orientación poco a poco, así nadie pensará que le das de lado, todos sentirán que les prestas atención y que son importantes para ti.

10.   Manejar las distancias

El espacio personal es importantísimo y hay que respetarlo siempre. Si estás en una conversación individual con otra persona, tantea la distancia que debes mantener con ella para no invadir su espacio ni incomodarla. Esto es esencial porque precisamente esta distancia cambia muchísimo en función de la persona y también de la relación que esta tenga contigo, o de si ese día se encuentra más contenta o ha dormido fatal y tiene un humor de perros. Para eso, te puedes guiar por sus movimientos; si ves que en cierto momento la otra persona se va hacia atrás, procura no volverte a acercar tanto a ella, sino dejar ese mismo espacio entre vosotres dos. Si, por el contrario, se siente cómoda y ves que se aproxima, acércate tú también un poco más, denotará confianza y receptividad a su presencia.

11.   La técnica del espejo

Cómo no, esta última pauta también requiere de un buen equilibrio, y es que imitar el lenguaje corporal de otra gente puede ser un arma de doble filo. A veces lo hacemos sin ser conscientes de ello, como a quien se le pegan fácilmente los acentos del lugar al que viaja, pero otras veces lo podemos intentar practicar de manera voluntaria: fijarse en cómo gesticula nuestro interlocutor, en qué expresiones pone, qué postura adopta y cuál es su tono de voz, por ejemplo. Sin embargo, hemos de tener mucho cuidado, porque es uno de los puntos donde es más sencillo pasarse de la raya. Como nuestro propio lenguaje corporal es una de las cosas que más familiar nos resulta, nos puede dar sensación de comodidad y de seguridad verlo imitado, pero si nos pasamos, ¡se pensarán que nos estamos burlando! Es decir, todo lo contrario de lo que queríamos, que era caer bien y hacer a la otra persona sentirse cómoda. Se puede aplicar a una cita, a una entrevista de trabajo… ¡o a casi cualquier situación!

LA COMUNICACIÓN NO VERBAL PARA LA SEDUCCIÓN

En un grupo de gente no es del todo difícil saber qué personas se gustan entre sí cuando están todas reunidas. Y sí, eso también se te aplica a ti y a tu *crush*, ¡y a tu *crush* contigo! A veces puede ser tan sencillo como mirar a los pies y al lugar al que apuntan. No nos damos ni cuenta, pero si tus pies apuntan a otra persona mientras estáis en un grupo relativamente grande de gente, lo más probable es que te guste o, como mínimo, te llame mucho la atención.

Lo contrario también es cierto, claro; si estáis hablando en un grupo de gente y todos los pies apuntan a otro lado que no es a ti, mucho me temo que hay altas probabilidades de que no les interese nada lo que les estás contando. Ahí puedes elegir cambiar de conversación, el tono, o callarte un poco (aunque, quizá, el problema también podría estar en si ese día no te has cepillado los dientes después del café…).

Las maneras que tenemos de expresarnos siempre van a afectar al resultado de esa comunicación para bien o para mal, pueden afectar a nuestro favor o en nuestra contra, y de manera consciente o inconsciente, pero siempre lo harán, aunque no nos demos cuenta. Pasar por alto los detalles de la comunicación es cerrar los ojos a esta parte tan importante, ¡y también es negarnos a convertirnos en les ames de la seducción!

¡Aprovechemos el lenguaje corporal para seducir y atraer!

Hay varios elementos, a grandes rasgos, que debemos tener en cuenta a lo largo de una conversación y que no se nos pueden olvidar: los gestos con las manos, las expresiones faciales, la postura, el contacto visual, la distancia entre los cuerpos y la manera en la que hablamos. Porque parte del lenguaje no verbal, aunque parezca contradictorio, ¡es cómo usamos el lenguaje verbal! Si la entonación es de una forma o de otra, la frase puede acabar significando una cosa o todo lo contrario. «Qué simpático eres», por ejemplo, se puede decir totalmente en serio o se puede decir irónicamente, lo que significaría que eres un borde del copón, ¡con las mismas palabras!

La clave para que nuestro objetivo de seducción funcione bien es el lenguaje corporal. Ya puedes estar hablando de patatas fritas o del apareamiento de las tortugas marinas, que con un buen lenguaje no verbal llamarás la atención de la gente que te interesa y te será más fácil conseguir los resultados que buscas.

Y dirás: Mike, pero ¿qué narices me estás contando? ¿Por qué? Pues es sencillo. Ya te he dicho que somos animales, ¿no? Y los animales tenemos instintos, tenemos movidas internas que se nos activan sin que nos demos cuenta, que nos hacen fijarnos en otra gente e interesarnos por ella. No controlamos nuestro cerebro, nuestro cerebro es el que nos controla, y nos han esclavizado nuestros millones de años de evolución hasta llegar aquí: al final, tenemos mecanismos para llamar la atención de los demás y para que llamen la nuestra, igual que los pavos reales con sus majestuosas colas o los ciervos cuando berrean.

La mayoría de nuestros gestos son subconscientes, no los estamos controlando activamente (a menos que pongamos un esfuerzo muy tocho en hacerlo, claro). De hecho, a mí, cuando me graban y después me miro, mi primera impresión siempre es la de preguntarme: «¿Pero por qué he hecho eso?». Y me parto de risa, porque ni me he dado cuenta. La cuestión aquí es que nuestros gestos semiinconscientes, a su vez, generan otros como respuesta en las demás personas: pueden ser buenos o malos, pero lo que es seguro es que los generan. Y lo más importante de todo es que son reales, no son fingidos, no están bajo nuestro control. Surgen sin que hagamos ningún tipo de análisis interno consciente, sino que nos salen naturales y, por eso, suelen reflejar lo que sentimos o pensamos en realidad.

Entonces dirás: pero estoy perdido, Mike, si de manera subconsciente hago gestos que delatan lo que pienso y lo que quiero, no le voy a poder ocultar a nadie que me gusta, o que me cae mal, o que estoy asustado. ¡Pero es que todo esto se puede entrenar! ¡Es cuestión de práctica! Es como entrenar un músculo, y podemos educar a nuestro cuerpo y a nuestra mente para que nuestro lenguaje no verbal sea más flexible, para tener más soltura y fluidez en cómo lo usamos, y poder ser algo más conscientes de lo que estamos transmitiendo y a través de qué medios. No deja de ser un lenguaje, y para hablar bien cualquier idioma hay que aprenderlo y estudiarlo, ¿verdad?

PUES A SACARTE EL C2 Y A DESPERTAR INTERÉS EN LAS PERSONAS DE TU ENTORNO SE HA DICHO.

HACKS PARA EL LENGUAJE CORPORAL EN LA SEDUCCIÓN

Aquí te voy a dar unos cuantos trucos o *hacks* para que tu lenguaje no verbal funcione bien, concretamente para la seducción. Ya no se trata de pautas básicas a tener en cuenta en general; ¡ahora hablamos de seducir!

1.   Contacto visual

Lo primero, muuucho cuidado con no parecer un Jeffrey Dahmer de la vida (ni ningún otro asesino en serie, hazme el favor). Sé que mantener la mirada a alguien que te gusta o que te intimida ligeramente puede despertar en ti cierta inseguridad o incomodidad, pero hay que mantener la mirada, no queda otra. Eso sí, como decía antes, mantener el contacto visual, pero ¡sin parecer que te quieres cargar a tu *crush* en vez de ligártela! ¿Y cómo hacemos eso? Pues vamos a sostener la mirada y a ir moviéndola un poco, para que no esté siempre en el mismo sitio exacto. La movemos de un ojo a otro, a su nariz, a su boca (lugar perfecto para que se entere de que quieres darle un beso), pero de vez en cuando apartaremos la mirada para no hacer sentir incómoda a la otra persona. Una cosa: ¡en medio de la frente queda rarísimo mirar! Es demasiado arriba, queda por encima de la línea de visión y tu interlocutore pensará que tiene alguna cosa, un granito, un pelo o algo así y, probablemente, provoques incluso que se lleve la mano a la frente para quitárselo.

2.   Mostrar seguridad con la postura

Las claves son: ¡piernas, brazos, espalda! La inseguridad y los nervios que a todos nos suelen entrar cuando estamos ante alguien que nos gusta no son muy atractivos; al contrario, suelen producir un *dislike* general. Tampoco se trata de ser de piedra, porque mostrar los sentimientos y, de vez en cuando, la vulnerabilidad, a mucha gente le resulta adorable. Lo que pasa es que, si se hace muy evidente tu inseguridad e incomodidad durante un tiempo prolongado, eso también hace sentir lo mismo a tus interlocutores. Quizá de manera subconsciente puedan hasta preguntarse si te están molestando, ¡y eso no es lo que queremos! Eso no es atracción, y tampoco lo es hacer que la otra persona te tenga penita. ¿Y cómo lo conseguimos? Pues vamos a intentar que nuestras extremidades se muevan siempre de manera fluida, sin parecer un palo; que acompañen la conversación, que no estén rígidas. Las usaremos de manera deliberada, haciendo movimientos firmes con las manos para apoyar lo que estemos diciendo; mantendremos la espalda recta y los hombros también, ¡nada de encogerse como si tuviéramos miedo o frío! Tampoco es plan de ponerse como una torre y no doblarse jamás (y menos si la persona con la que hablas es más bajita que tú), pero sí es cierto que una posición erguida es lo mejor. Así mostraremos seguridad en nosotres mismes, transmitiremos confianza y le diremos a nuestro interlocutor: «Tranqui, ¡tenemos el control de la situación!».

3.   Pecho en paralelo con la otra persona

Mejor dicho, no solo tu pecho: todo tu cuerpo, en general, ha de estar orientado hacia la persona que te interesa. Así percibirá que tiene tu atención, ¡se sentirá especial! Eso sí, si estáis en un grupo con más gente, no es plan de dejar a todo el mundo de lado y solo fijarse en esa persona. De hecho, te voy a contar un truco que va todavía más allá: si has estado apuntando hacia ella un buen rato y de repente dejas de hacerlo, se dará cuenta de que algo ha cambiado. Se preguntará por qué ya no tiene tu atención y dirá: «*WTF*? ¿Está pasando de mí?». ¡Querrá recuperar el interés que ha perdido y se fijará aún más en ti!

4.   Manos libres

No, no digo que te pongas los Airpods y escuches música en vez de hablar con tu *crush*, ¡sino que tengas las manos abiertas, vacías y dispuestas para ser utilizadas! Nada de meterlas en los bolsillos, ni tampoco ponértelas detrás de la espalda como un militar. Tampoco es buena idea cruzar los brazos, porque puede dar la impresión de que estás enfadade, y, en general, dará la sensación de que no tienes ganas de interactuar con nadie. ¡Y los demás pillarán esa señal subconsciente y no interactuarán contigo! Los brazos y las manos son importantísimos en una comunicación efectiva y, sobre todo, en la seducción. ¡Así que déjalos libres! Que se muevan y que fluyan al ritmo de la conversación, con la misma energía de lo que estás expresando.

5.   Proximidad corporal

Esto siempre va a depender muchísimo de la confianza que tengas con tus interlocutores, de dónde estéis, y también de la comodidad que tú sientas con la situación y la que percibas de elles. Así que vamos a ir con cuidado, porque aquí hay un error que se suele cometer muy a menudo. Sí, un error muy grave: es un fallo garrafal (que, por cierto, provoca mucho *cringe*) pensar que cuanto más nos acerquemos a una persona, más le gustaremos. ¡ERROR! Acercarte hasta su espacio personal solo puedes hacerlo después de saber que realmente está cómoda contigo, y ten presente que ese espacio será mayor o menor dependiendo del contexto. Por ejemplo, en una discoteca será mucho más pequeño que en medio de la calle, porque al haber tanto ruido mantener una conversación con alguien será difícil si no estás muy cerca. Ahí sí que acercarte para que te escuche bien es una buena opción, ¡y quizá pueda servir para que esa persona vea tu interés! Porque, quieras que no, mantenerte cerca físicamente es una forma muy clara de hacer ver tus intenciones: ¡quieres proximidad física con esa persona! Seamos sinceros: así harás que sea evidente tu interés y podrás observar si la otra persona se siente igual. ¡Pero hay que prestar atención a eso, y si no se siente cómoda, da un paso atrás enseguida!

6. No te guardes las sonrisas

Durante muchos años, yo he pensado que mi sonrisa era muy fea. Creía que tenía mucha encía, que no era una sonrisa bonita, ¡yo qué sé! Complejos absurdos. Así que creí que ocultarla y sonreír solo con la boca cerrada me vendría mucho mejor, pero ¡qué equivocado estaba! Nada más lejos de la verdad. Y es que ¡no hay sonrisa fea! Te lo prometo.

LA SONRISA ES UNO DE LOS GESTOS MÁS HONESTOS DE TU CUERPO, Y LO QUE TRANSMITE ES FELICIDAD, EMPATÍA, BUEN ROLLO, HUMOR...

¡Eso está por encima de cualquier estereotipo de belleza! Si una sonrisa es espontánea, es maravillosa; seguro que lo has experimentado ya; no me cabe duda de que en algún momento te has sentido mucho más a gusto y más tranquilo en una situación cuando tu interlocutor sonreía. Genera confianza, reduce los nervios, hace que te sientas cómodo y en un estado de ¡relaaax! Así que, cuando tengas ganas de sonreír, ¡sonríe sin miedo! Te prometo que lo último que esa persona estará pensando es en si tienes demasiada encía, en si las paletas están separados o si tienes el colmillo montado. Sin embargo, si ocultas la sonrisa a la fuerza, es muy probable que note algo raro, que te estás guardando o escondiendo algo… ¡y pensará que quizá sea otra cosa y no solo tu sonrisa!

CÓMO DAR EL PRIMER BESO

Este es un apartado muy muy interesante… ¡Y muy difícil de escribir!

Pero antes de entrar propiamente en el «cómo», me gustaría hablar de otra cosa. Quiero hablarte de uno de los momentos más emocionantes y que más miedo dan, que más bonitos son y más incómodos a la vez, que te hacen vibrar de los nervios y morirte de gusto… ¡Sí, me estoy refiriendo al instante justo anterior al primer beso! Ese momento preciso en el que quieres besar a esa persona que tienes delante, y crees que ella también quiere, pero ¡no estás seguro! ¿Y si no quiere? ¿Y si sí que quiere y está esperando a que tú te lances? ¡Socorro! Es muy difícil tener claro cuál es el instante en el que apagar la conversación y lanzarse de cabeza a la piscina, ¡lanzarse al beso!

Saber cuándo dar un beso —y más importante aún, EL BESO— es casi tan importante como saber darlo bien. Y, lo creas o no, hay muchísimas señales de lenguaje corporal y no verbal que te ayudarán a saber si la otra persona está buscando ese beso tanto como tú. La otra opción, claro, es tomar la vía fácil y preguntárselo directamente: «¿Te puedo dar un beso?». Pero si no quiere, ¡a lo mejor se lo toma a mal!

De hecho, te voy a contar una anécdota personal. Mira, yo siempre he sido malo no, lo siguiente, a la hora de interpretar señales para saber si alguien quiere darme el primer beso. Me acuerdo de una vez que estábamos sentados en un banco, mi *crush* de la infancia y yo. Nos habíamos quedado allí a solas, hablando, ajenos al mundo que nos rodeaba; ella me miraba mucho la boca, y yo sin embargo era casi incapaz de mirarla, de lo nervioso e intimidado que me sentía. Puede parecer absurdo, ¡pero es real! El caso es que

yo estaba constantemente pensando en besarla, y en cuál sería el momento perfecto, idóneo, de película (*spoiler*: no existe el momento perfecto, tenéis que crearlo vosotros). Así que no estaba pendiente de las señales que ella me mandaba, conscientes o no; no las interpretaba, no sabía leerlas, y tampoco sabré nunca si me las enviaba queriendo o sin querer. Así que fracasé estrepitosamente: en un momento vi que se acercaba a mí, y como no podía pensar en nada más que en el beso, decidí lanzarme y besarla… ¡Error! ¡En realidad la chavala lo único que quería era coger una cosa de su bolso! Así que le metí un cabezazo tremendo a la pobre, le di con la frente en la boca y le hice una herida en el labio, ¡no sabía dónde meterme!

CONCLUSIÓN DE LA CITA: NO HUBO BESO, PERO SÍ UN PEQUEÑO DRAMÓN.

Una semana más tarde, hablando con esa misma chica, me di cuenta de lo mal que había interpretado todo durante esos momentos con ella, y me dije a mí mismo que tenía que mejorar, ¡no podía volver a meter la pata así! Al final, al cabo del tiempo, sí que estuvimos juntos una temporada, pero hay una cosa que te puedo asegurar: ¡desde luego que no fue debido a mis dotes de lectura corporal!

Así que ahí va: te voy a dar un buen listado de señales claras para saber con certeza que la otra persona está buscando un beso. ¡El mismo beso que estás buscando tú!

1. Te mira a los ojos

Suele ser una señal de que tiene interés en lo que le estás contando, así de primeras, que es lo mínimo..., ya que si no le interesa lo que le dices, mucho menos le va a interesar besarte. Puedes aprovechar para mirarle a los ojos tú también y ver CÓMO te está mirando. Por ejemplo, observa si sus ojos parece que se vuelven más profundos cuando te mira, como si se alargasen, ¡como si se estuviera metiendo dentro de ti! También puedes fijarte en si se le dilatan las pupilas, que es señal de excitación... Estas dos señales juntas son claros indicadores de que esta persona está muy interesada en lo que cuentas... ¡o en ti!

2. Te mira a la boca

En concreto, a los labios. Puede que esté interesada en lo que cuentas, pero si esas miradas son constantes y además hace algún movimiento con la suya, como de indecisión..., ¡quizá esté muy cerca el momento de lanzarse! Está claro que busca justo lo mismo que tú, ¡y que siente los mismos nervios!

3. Apartar la mirada

Si bien mirar fijamente es señal de atracción, ¡también puede serlo no sostenerte la mirada! Cuando la situación te pone de los nervios y te intimida, o te avergüenza estar cerca de una persona que te gusta, te costará más mirarla a los ojos, ¡es normal! También puede que te intenten mirar cuando tú no te des cuenta, precisamente por esto mismo, y significa que se está muriendo de nervios porque tiene... ¡muchas ganas de besarte, pero no sabe si tú también! Aunque cuidado con confundirse, porque también hay quien aparta los ojos cuando no está a gusto con la interacción.

4.   Sonreír y reír

Ambas acciones son claros signos de que a esa persona le entretiene lo que le cuentas, ¡o que le gustas tú! Hay que distinguirlo, por supuesto, de la risa nerviosa de incomodidad o de apaciguamiento, que a veces soltamos cuando no sabemos cómo reaccionar a algo que nos molesta. Es buena idea estar pendiente y ver si de verdad se encuentra bien y cómoda, si la risa es genuina de diversión o no, ¡porque puede ser una muy buena indicación de que se acerca el beso! Pero no te precipites, a lo mejor solo es que has contado un chiste muy bueno, ja, ja, ja.

## 5.	Llevar su cuerpo hacia ti

Si la otra persona inclina u orienta su cuerpo hacia el tuyo, los hombros, el pecho, las piernas o los pies, significa que le gusta tu compañía; si además mantiene sus brazos abiertos, dejando el pecho descubierto, en vez de cruzarlos, puede indicar que se siente a salvo y le das buenas vibras. La posición del cuerpo es clave, ¡y estas son señales muy positivas de lenguaje corporal!

## 6.	Acorta la distancia

Cuando la otra persona se acerca tanto que podría tocarte, o se inclina muy frecuentemente hacia ti y entra en tu espacio personal, por lo general suele ser una indicación de que te quiere más cerca, ¡una señal poderosa de interés! Si notas que te habla al oído, a la cara, cerca de la boca o muy cerca de ti en general, ¡le atraes fijo! Eso sí, atención al contexto, no vaya a ser que lo que pasa es que no te oye bien porque hay mucho ruido... ¡O como me pasó a mí, que quiera coger algo del bolso!

## 7.	¿Cómo se comporta cuando la tocas?

Hablo de toques casuales, no invasivos: un roce ligero en el brazo, ponerle la mano en el hombro, que vuestras rodillas se rocen al sentaros juntos. Si sonríe, se ríe, te devuelve el toque y tiene cara de pasárselo bien, ¡significa que vas por buen camino! Si la reciprocidad es activa, te está dejando bien claro que tienes el terreno libre para besar. Pero si es al contrario y notas rigidez por su parte, frialdad, que se aparta… significa que te has precipitado y no quiere contacto contigo. ¡Vuelve a donde estabas y deja de tocar ahora mismo!

8. Cómo es el momento de la despedida?

Cuando os vais a despedir, ya sea a solas o en un grupo de amistades, ¿qué hace? ¡Fíjate en sus manos y en sus brazos! Mira a ver si te toca, si se acerca, si tiene la iniciativa de abrazarte, de quedarse un momento pegada a ti, de mirarte a la boca…

¡SON CLAROS INDICIOS DE BESOOO!

EL CAMINO HACIA EL BESO

Ahora que ya sabemos todas estas señales que puede hacer la otra persona, quizá te preguntes: vale, Mike, ¿y qué puedo hacer YO? ¿Cómo puedo dejarle claro que quiero besarla, pero sin intimidar a nadie ni hacer sentir incomodidad? Después de todo, es superimportante en el lenguaje corporal saber comunicarse correctamente; no solo leer las señales que nos dan los demás, sino también conocer cuáles enviamos y cómo, y qué quieren decir...

Vamos a resumir el camino hacia el beso en cuatro pasos. ¡Es mucho más sencillo de lo que parece!

1. Haz movimientos que te puedan llevar a tu objetivo

Debemos tener en mente cuál es el objetivo: ¡besar! Pero no porque besar en sí sea genial (que lo es), sino por lo que significa. El primer beso con alguien es la constatación de que el interés es mutuo, de que os gustáis el uno al otro, de que esa persona se siente tan cómoda y a gusto contigo como tú con ella y que queréis demostrároslo ¡físicamente! No hay que olvidar nunca que el objetivo del beso es un objetivo conjunto, nunca debe ser un «yo quiero besar a esta persona y lo que ella quiera es secundario», ¡eso jamás! El objetivo debe ser disfrutar de un buen morreo, ¡pero juntos!

A- Si ves interés por su parte en lo que le estás contando y ya te he dado un montón de indicaciones sobre cómo leer ese in-

terés, ¡acércate! Pero solo un poco, no seas bestia. Mira cómo cambia la situación después de hacer este acercamiento y cómo cambia también la otra persona. ¿A bien o a mal? ¡Esperemos que a bien! Si ves una comodidad obvia y buen rollo por parte de ella, sigue desde ahí. ¿Que no? ¡Media vuelta y a echar el freno!

B- Antes de besaros, el acercamiento es necesario, así que hay que tener en cuenta en qué posición estáis, físicamente hablando. ¿Estáis sentados? ¡Es una buena postura! Intenta que vuestras piernas se toquen, aunque solo sea ligeramente. ¡Todo el mundo nota un roce, por ligero que sea! Y mucho más si es de la persona que te gusta… Si se aparta, adiós; si no se aparta o incluso se junta más, ¡está claro que quiere más cercanía física!

C- ¡Cógele la mano! Hay cosas que son muy difíciles de malinterpretar, y tomar la mano de alguien, quizá acariciarla suavemente o apretarla con cariño, es una de estas cosas. Deja claro que tienes interés en esa persona, interés físico y sensual. ¡Más claro, imposible!

2. Intenta enviar las señales correctas

Si en medio de todo esto te pones a mandar señales que sean fáciles de malinterpretar, o que no se sepa por dónde vas, puede que la líes. Tranquilízate y recuerda actuar con naturalidad, con sinceridad y comunicar lo que deseas y lo que sientes.

A- El contacto visual es clave. Si mantienes la mirada significativamente y mueves tu vista de su ojo izquierdo al derecho (y al revés), después a su boca y de nuevo a los ojos, haciendo una breve pausa en cada una de sus pupilas, hay una alta probabilidad de que lo interprete como señal clara de que quieres besarla.

B- ¡Tranquilidad ante todo! Tomarse las cosas lentamente, con calma y buena letra, es siempre una gran idea, y más en momentos tan delicados. No queremos que la intensidad de la situación y de las emociones nos haga meter la pata (ya habéis visto cómo me salió de mal a mí). Si la otra persona está interesada y deliberadamente haces que las cosas vayan más despacio, puede dar pie a lograr un encuentro romántico. ¿Estáis caminando juntes? ¡Id más despacio! ¿Estáis conversando a toda velocidad? ¡Toma una pausa! Mantén la intensidad de la cercanía y del contacto visual, pero deja que el momento se detenga para vosotres y os permita ser conscientes de la situación.

C- También hay que saber leer las malas noticias: si la otra persona no corresponde al mismo nivel de contacto visual, si parece que quiere poner más distancia entre vosotres o seguir caminando en vez de pararse a disfrutar del momento contigo, probablemente quiera decir que ha leído todas las señales que le has enviado… y no está interesada. ¡Qué le vamos a hacer! Un no es un no, incluso cuando no es verbal, y hay que respetarlo SIEMPRE.

3.   Inclínate para besarla

Llega el momento de la verdad. ¿Estás preparado? Si, llegados a este punto, la otra persona ha respondido positivamente a todas tus señales y a tu lenguaje corporal, significa que tienes luz verde: ¡puedes besarla!

A- Acércate más. Abre los labios ligeramente mientras miras a la otra persona a los ojos y a la boca, que no quede duda de tu intención. Intenta transmitir cariño y atracción, y dejarle claro que eres un lugar seguro, que no tiene nada que temer a tu lado, y que quieres compartir este momento íntimo con ella.

B- Si la otra persona te devuelve las miradas y las señales, si te mira recíprocamente a los ojos y a tu boca, atrévete a besarla. ¡Es el momento!

C- Si, por el contrario, se ve incómoda o se echa para atrás, o bien trata de cambiar la conversación a otro tema, sé consciente de que no está preparada. Ya sea por la situación o porque no le atraes, lo más importante es no presionar jamás a alguien en un momento así.

4. Reacciona con calma

Da igual si la has logrado besar o no; reaccionar con calma, tranquilidad y seguridad es siempre la mejor opción. Recuerda que este es un momento cargado de emociones, de temores y dudas, ¡para ambas partes! Haz que sea un buen recuerdo, en cualquier caso.

A- Si os habéis besado, mírala a los ojos, sonríe y continúa con otro beso mutuo. Intenta no descontrolarte ni perder los estribos de la emoción, aunque sé que puede ser muy difícil, ¡sobre todo si también es tu primer beso! Pero es importante no quedar como una persona ansiosa o desesperada, ni tampoco inmadura. Ahora bien, si la otra persona también está emocionada y saltando de alegría, ¡no hay nada de malo en sumarse a ese júbilo! ¡Quizás acompañado de más besos!

B- Si no os habéis besado, por favor, nada de entrar en pánico ni perder la cabeza. Estas cosas pasan, no es el fin del mundo, y seguro que lo último que quieres es que esa persona que te gusta ahora piense que ha perdido una amistad o que te vas a enfadar con ella por no haberte correspondido. Y lo más importante: ¡no te pongas a la defensiva ni te pilles un cabreo! Hay que actuar con madurez y aceptar las negativas, NUNCA insistir ni agobiar a la otra persona, ¿a que no quieres que te

besen por pena en vez de por gusto? Puedes no darle importancia a lo ocurrido y seguir con lo que estabais haciendo antes, o bien puedes sonreír, disculparte ¡y todo normal!

¡A BESARSE!

¿Qué es un beso?

Un beso puede ser muchas cosas, ¿no? Puede ser un gesto cariñoso y familiar, puede ser una expresión de amor, puede ser un momento compartido de pasión salvaje, ¡incluso puede ser doloroso, si te lo da la persona adecuada! (o, mejor dicho, inadecuada).

Y todas estas cosas, ¿qué tienen en común? ¿Qué son todos estos besos, ya sean buenos o malos, pasionales o románticos o platónicos? Pues muy sencillo: ¡que todos los besos son formas de comunicarnos!

Sí, sí. Piénsalo bien. Todos los besos comunican algo, son una manera de comunicarse y relacionarse entre dos personas (o más, yo qué sé). Buscas transmitir algo cuando besas a otra persona: ya sea que te gusta, que te quieres acostar con ella, que te lo estás pasando genial, que te atrae un montón, que la quieres mucho, que le quieres decir adiós… ¡Siempre comunicamos alguna cosa a través de los besos! Es inevitable, porque son una relación interpersonal. Así que tal como sea ese beso va a transmitir unas emociones, sensaciones, deseos concretos… ¿Verdad que no besas igual a tu abuela cuando te da un billete de veinte euros que a tu novia a la que llevas dos semanas sin ver después de los exámenes? ¡Pues eso! Son formas completamente distintas de besar y cada una envía un determinado mensaje.

Hasta en el mismo tipo de besos, románticos y pasionales, pongamos por ejemplo, ¡hay infinitas variaciones! Un beso puede ser suave y lento, puede ser a mordiscos, puede ser torpe y notar cómo chocan vuestros dientes, puede ir acompañado de abrazos y caricias, ¡puede ser con lengua o no! Y todo esto es un lío, sobre todo si no has dado muchos besos en tu vida, tienes dudas y quieres hacer las cosas bien.

Vamos a suponer que lo más importante ya lo tienes: una persona con la que besarte, que quiere activamente que os comáis la boca, y que tú también quieres darle un montón de besos. Y, si no es así, tampoco pasa nada por ir estudiando cómo hacerlo para cuando llegue ese momento especial. ¡Estas son algunas nociones básicas de cómo besar! Quizá pienses que no tiene mucho que ver con el cometido de este libro, pero te equivocas: besar, por su propia definición, ¡es una forma de comunicación no verbal! ¿O acaso estás hablando mientras te morreas con alguien? No, ¿verdad?

¿CÓMO TE COMUNICAS, ENTONCES, PARA SABER SI ESTÁS A GUSTO DURANTE EL BESO O SI ALGUIEN ESTÁ INCÓMODE O QUIERE PARAR? ¿CÓMO TRANSMITES LA PASIÓN, EL CARIÑO O EL AMOR A TRAVÉS DEL BESO? ¡CON LENGUAJE NO VERBAL!

Así que ahí van algunos aspectos que necesitas tener en cuenta a la hora de besar. Para mí son básicos, muy elementales, ¡presta atención!

1.   Labios suaves

Es importante intentar cuidar este tema: los labios hay que procurar que estén hidratados y húmedos, ¡nada de pellejos resecos! A nadie le gusta besar una cosa áspera y rugosa, así que ser una lija ¡no es una opción! Todo tiene que fluir bien, y hablo literalmente. Lo de la hidratación lo puedes cuidar con un poco de cacao o crema hidratante, especialmente en invierno, que con el frío se resecan un montón los labios; intenta no arrancarte los pellejitos ni hacerte heridas, que luego se nota. Y justo antes de besar, puedes pasarte la lengua por los labios rápidamente para humedecerlos y que todo fluya mejor…

2.   ¡Cuidado con los choques!

Piensa en las escenas famosas de besos de películas, series o ilustraciones. ¿Cómo se suele posicionar la gente cuando se besa? Si te has imaginado a una persona frente a la otra, completamente rectas, ¡errooor! Busca alguna de estas imágenes célebres y verás que, en casi todas, la gente que se besa tiene la cabeza ligeramente girada hacia un lado y la otra persona hacia el otro. Esto es porque solemos tener una cosa en medio de la cara que se llama ¡nariz! Y que si no giramos un poco la cara, chocamos una con la otra y no tiene nada de romántico. Sobre todo si vais muy emocionados, ¡no queremos que nadie se rompa el tabique nasal, gracias! Así que, a no ser que no tengas nariz como Voldemort, gira un pelín la cabeza antes de dar un beso para evitar colisiones innecesarias.

3. Ojos cerrados

No los cierres demasiado pronto ni demasiado lejos de la otra persona, no vaya a ser que calculéis mal y se produzca un accidente: no serías el primero en ir a besar a alguien en la boca y terminar dándole un morreo en la barbilla o en la nariz de esa persona, llenándola de babas. O peor aún, ¡estrellándote contra ella! Pero hay que cerrarlos, porque besar a alguien con los ojos completamente abiertos como platos es de las cosas más *creepy* que hay. ¡Te sientes observado si tú tienes los ojos cerrados y la otra persona abiertos! Y además, estás tan cerca de la persona a la que besas que tampoco puedes ver nada, aunque no los cierres. ¡A cerrar los ojos!

4. Despacito y con buena letra

Empieza despacio y suave, acorde a la intensidad del momento; las cosas se disfrutan más cuanto más duran, y los besos no son una excepción. Ya irás subiendo el nivel y el ritmo poco a poco, o a lo mejor lo va subiendo la otra persona, ¡dejaos llevar por la situación! Ah, y también con la boca cerrada; ya habrá tiempo de abrirla más adelante. No tengas prisa, que cada momento de un beso es precioso.

NO QUEREMOS QUE LA OTRA PERSONA PIENSE QUE TE LA VAS A COMER, ¡NO LITERALMENTE!

5.   La lengua

Este es un tema complicado, lo reconozco. Cada persona es un mundo y tiene sus preferencias para todo: cuál es su comida favorita, qué postura se pone para dormir, qué champú usa en la ducha, si prefiere perros o gatos… ¡Y en si le gusta besar con lengua o no! Besar es un intercambio, un momento compartido, y no se trata de imponer nada a nadie; podemos intentar adaptarnos a cómo besa una persona concreta, pero ni aceptar cosas que nos incomodan, ni incomodar nosotres a nadie. Para mí, y hablo solo de mí, ¡un beso sin lengua no es un beso! Pero a otra persona le pueden encantar, o le puede dar asquito, y esas cosas hay que hablarlas porque, por mucho que haya lenguaje no verbal, no leemos la mente de nadie. Así que hablo de mi propia experiencia y mis gustos, para que tengas un ejemplo: para mí, introducir la lengua en la boca de la otra persona es atractivo, divertido y estimulante. Si esto te gusta, ¡adelante! Juega con ella, busca la suya, pero no vayas demasiado rápido: haz como si fuera un baile, como si la estuvieras persiguiendo. ¡Y tampoco le metas la lengua hasta la campanilla, bestia!

6.   La variedad

Que no sea siempre lo mismo, porque entonces es un rollo y os aburriréis. Puedes intercalar beso con lengua con beso a boca cerrada, con caricias, con lengua otra vez… ¡No es plan de dejar la lengua metida en la boca de la otra persona un minuto y ya! Que tu lengua no esté paseándose por la suya durante más de unos segundos, vamos. Básicamente, la idea es ir explorando y luego volviendo hacia atrás, investigando y llegando un poco más allá, volviendo a la base...

7.   Giros de cuello

Ya te he dicho que desde el primer momento probablemente estaréis en una postura con las cabezas algo giradas para besaros, porque es como mejor encajan dos bocas. Sin embargo, mantener siempre la misma postura y el mismo ángulo puede ser ya no solo un poco aburrido, sino ¡incluso doloroso! No queremos que nos entre tortícolis mientras besamos, así que es buena idea ir girando la cabeza o el cuello de vez en cuando. Es atractivo y genera una experiencia más completa. Que no te resulte raro, porque es lo mismo que darse la vuelta en la cama mientras concilias el sueño o duermes: la postura que ahora te parece cómoda, a lo mejor dentro de un par de minutos ya no lo es, ¡hay que ir adaptándose!

8.   ¡Ñam!

¡Prueba a dar pequeños mordiscos en los labios! Es una sensación muy estimulante que a la gente le suele gustar, y puede servir para acercar a la otra persona físicamente hacia ti. Sobre todo, el labio inferior, que normalmente es más grueso y fácil de pescar con la boca, es buen objetivo para dar mordisquitos. Eso sí, no vayas a emocionarte y a dar un bocado fuerte, que nos conocemos... ¡Antes de morder a nadie, asegúrate de que le gusta que le muerdan, o a lo mejor te devuelve el bocado con venganza!

9.   Aprended juntos

¡Aprende del beso de la otra persona! Y en especial las primeras veces que besamos a alguien nuevo, solemos besar como nos gusta que nos besen a nosotros, o bien como nos han enseñado otras personas que les gusta a ellas. Fíjate en cómo te besa e imita lo que te están haciendo, porque a lo mejor es una forma de indicarte qué le gustaría que hicieras. Para esto hace falta tiempo, sinceridad y confianza, y saber leer bien las señales que nos den: ¿está suspirando? ¿Eso es un gemido? ¿La cosa ha subido de intensidad de repente? ¡Atención a todas estas señales! Una persona no puede ser buena besadora sin tener siempre en cuenta qué es lo que quiere su pareja de besos, sin estar pendiente a cómo se siente para saber identificar qué le gusta y ¡aplicarse el cuento!

PODÉIS HABLAR DE ELLO, DE QUÉ COSAS OS GUSTAN, ¡SEGURO QUE ES UNA CONVERSACIÓN MUY ESTIMULANTE Y QUE INSPIRA UN MONTÓN DE BESOS MÁS!

EL POSTUREO

¡Vamos a hablar de postura corporal! Cómo nos movemos y cómo nos mostramos al mundo son dos cosas que están totalmente relacionadas entre sí, y no podemos dominar realmente lo que le decimos a la gente de nosotres ¡sin controlar nuestra postura!

Además, no solo hablaremos de la nuestra, sino que veremos cómo analizar las ajenas. Si estudiamos la postura corporal de la gente, nos puede sorprender la de detalles sobre elles que nos revelará, ¡incluso cosas que creen que mantienen ocultas! Nadie podrá engañarte si te fijas con atención en su postura y te sabes al dedillo todos los trucos. También se puede usar para ayudarnos a conocer y comprender a la persona que tenemos delante; a veces los fallos de comunicación llevan a malentendidos, o la gente lo pasa mal cuando se siente incomprendida. ¡No te volverá a ocurrir! Nada de hacer pasar a alguien un mal rato porque no te das cuenta de lo que te está diciendo en realidad con sus gestos y sus movimientos, ¡aunque sea de manera subconsciente!

Queramos o no, nuestras emociones están totalmente ligadas a nuestro cuerpo. Son la misma cosa, en realidad. Son descargas de energía, chispazos eléctricos que transmiten las neuronas y los nervios, y se transfieren igual dentro del cerebro que fuera: cuando reaccionamos a un estímulo que nos pone tristes, por ejemplo, igual que hay una reacción química dentro de nuestra cabeza que nos hace llorar, también hay reacciones involuntarias en el resto del cuerpo. No podemos separar el cerebro y lo demás, así que siempre van a afectar unas cosas a las otras: si estás triste, si estás feliz, si

atraviesas una buena época, si te abres o te cierras a conocer a gente nueva… ¡Todo eso y más lo expresamos con el cuerpo, queramos o no!

Cuando expresamos alegría, por ejemplo, no lo hacemos solo sonriendo con la cara. Nuestro gesto se amplía, se vuelve más grande, como si quisiéramos abarcarlo todo; la cabeza se nos endereza y los brazos tienden a abrirse, igual que si estuvieran buscando más espacio vital en el que compartir esa felicidad, ¡o queriendo dar un enorme abrazo! Y también pasa al revés: está demostrado que el hecho de sonreír en sí mismo nos suele hacer más felices, aunque solo sea un poco (bueno, esto siempre y cuando no estés trabajando de cara al público y tu jefe te obligue a sonreír a clientes imbéciles, claro). Verdaderamente, al expresar alegría de forma externa, también la sentimos de manera interna, es un círculo vicioso, pero de los buenos: nos sentimos más vitales, más joviales, con más ganas de compartir, nos volvemos más sociables… ¡Somos animales gregarios! Y eso significa que lo que nos hace felices lo queremos compartir con nuestros semejantes de manera innata e instintiva, mostrarle al mundo que estamos alegres. ¡Por eso sonreímos! Lo llevamos literalmente pintado en la cara.

Te voy a contar una anécdota que tiene que ver mucho con esto, en cómo aprendí a leer la postura de los demás y a saber así cómo se encontraban, o al menos tener una idea de si estaban felices, enfadades o tristes, aunque no me dijeran nada. ¡Fue con mi madre! Siempre recordaré cómo conseguí convencerla de que me regalase la consola que llevaba siglos queriendo, ¡y sin hacerla enfadar ni nada! Por mucho que nos digan lo típico de «el que la sigue, la consigue», es mentira. No por más insistir y ser plasta consigues lo que quieres, y muchas veces es justo al revés, te cargas cualquier oportunidad que habrías podido tener por cabrear a la gente y no tener en cuenta sus sentimientos. Lo que hay que hacer es utilizar una buena estrategia: si alguien está pasando por un mal momento, es poco probable que te haga caso, y de hecho lo que deberías hacer cuando ves esto es ayudar, ¡no intentar aprovecharte! La cuestión es que yo quería, ¡no!, ¡necesitaba esa consola!, así que tenía que encontrar el momento perfecto para pedírsela, porque si pillaba a mi madre cuando estuviera hecha polvo del curro y con la paciencia bastante floja, no iba a haber ni consola ni consolo... Aunque pueda parecer que no existen o que es imposible, ¡siempre hay situaciones más favorables que otras! ¿A que a ti no te gustaría que te pidieran un favor justo cuando te acaba de salir fatal un examen o te acaba de dejar el novio? Por eso hay que esperar al momento idóneo.

En este caso en concreto, esperé a un fin de semana en el que sabía que iba a ver a mi madre. Hacía unas semanas que no nos veíamos mucho, ella muy liada con sus cosas y yo con las mías, pero sabía que el finde iba a estar más relajada y tranquila. ¡Y eso significaba que estaría más contenta y más receptiva! Me fui fijando en su postura y en sus gestos a lo largo de los días, intentando ser muy consciente de su expresión corporal en general: ¿estaba cansada? ¿Le molestaba algo? O, por el contrario, ¿estaba de buen humor? Efectivamente, mis esfuerzos se vieron recompensados y ¡llegó el momento perfecto!

El sábado, cuando ella volvía de una comida con sus hermanas, me fijé en que caminaba de forma distinta, como más ligera y cómoda. En general, se movía de forma diferente: ¡estaba contenta! Supe que era la ocasión y que no podía dejarla pasar. Así que me arriesgué, me la jugué, ¡y coló!

Le comenté que había visto la consola nueva y que me gustaría mucho te-nerla, sin ser pesado ni demasiado insistente, y por su reacción supe que probablemente había funcionado… ¡Y así ocurrió! ¡A los meses de aquella conversación, obtuve mi recompensa! Se acordó de aquella petición y la relacionó con un momento agradable, y además la recordó mejor porque nos acordamos más de las cosas cuando no hay estrés ni ansiedad. ¡Mi plan tuvo éxito! Y todo sin ser plasta y sin molestar a mi madre.

Todas las emociones que sentimos tienen su traducción externa en el cuerpo, repito: cada una de las emociones y sentimientos determinan unas acciones musculares mínimas, pero precisas, que pueden empujar la balanza hacia una dirección u otra, modificando nuestra postura. Como ejemplo extremo tenemos el miedo. ¿A que alguna vez has chillado cuando te han dado un susto? ¿O te has encogido y cerrado los ojos? Son respuestas instintivas que nuestro cuerpo produce para protegernos; así, si la cosa que nos da miedo es un peligro de verdad, tendemos a tapar las partes más vulnerables del cuerpo, como los órganos internos o la cara.

Otro ejemplo totalmente involuntario y que además no podemos controlar aunque queramos, ¡es la ansiedad! Si sentimos ansiedad por algo o muchos nervios, a menudo el cuerpo nos «traiciona» y empieza a hacer cosas raras: nos ponemos a sudar, a hacer movimientos repetitivos, nos cuesta más hablar y expresarnos, nos late más deprisa el corazón… Esto es porque también es una respuesta natural del cuerpo a cosas que pueden ser peligrosas, como lo sería para un cromañón que le persiguiera un tigre dientes de sable dispuesto a zampárselo: el cuerpo segrega más adrenalina y nos ayuda a correr más deprisa bombeando más sangre, respirando más acelerados para tener más oxígeno, sudando para no sobrecalentarnos en la huida. Pero si en realidad no hay ningún tigre, sino lo que te pone de los nervios es ver al chico que te gusta en una quedada, ¡tu cuerpo no te está haciendo ningún favor en absoluto!

En general, las emociones negativas crean tensiones en los músculos y tendones del cuerpo, nos hacen ponernos en guardia y estar rígidos. Cuando una emoción negativa la llevamos arrastrando durante mucho tiempo y se nos instala en el cuerpo como un inquilino que no paga el alquiler, el desequilibrio muscular también se resiente a largo plazo, y puede tener efectos permanentes muy serios.

EL ESTRÉS ES DE LOS FACTORES QUE MÁS AFECTAN EN ESTE SENTIDO, Y PARECERÁ UNA TONTERÍA, PERO UNA PERSONA ESTRESADA, DEPRIMIDA Y QUE EN GENERAL TIENE EMOCIONES MUY NEGATIVAS TODO EL RATO ¡LO NOTA MUCHÍSIMO EN EL CUERPO!

Le dolerá más la espalda y las articulaciones, le costará dormir, andará con la cabeza baja y agachada… Acabamos entrando en una espiral en que estas emociones acumuladas nos hacen estar constantemente en tensión y dolorides, y eso nos pone más tristes, de los nervios y más irritables, y eso a su vez vuelve a afectar al estrés de los tejidos del cuerpo y a ponerlos más tensos. Hay muchos dolores crónicos que tienen aquí su origen y, a veces no se les sabe poner una razón médica más allá del estrés constante y el agotamiento que eso causa en el cuerpo y en la mente.

La actitud postural que tenemos también se manifiesta de forma dinámica, no solo estática: no hay que fijarse nunca solamente en un *frame* de la postura corporal, sino considerarla en su contexto y en movimiento. Afecta a cómo caminamos, cómo corremos, cómo hablamos, cómo dormimos, cómo conducimos, cómo llevamos a cabo todas las acciones cotidianas de la vida… ¡Afecta a todo!

Piensa en cómo caminas, por ejemplo. ¿A que no caminas igual cuando te acaban de dar una buena noticia que una mala? ¿Cómo caminarías al salir de un examen que te hubiera salido de maravilla y cómo lo harías al terminar uno que hubieras tenido que dejar en blanco porque no te sabías ni tu nombre? O si te acaban de contar que tu mejor amigo te ha traicionado y vas a verle para tener una charla muy seria, ¿a que caminarías distinto? ¿Y si acabas de ingresar a tu gato en el veterinario porque está muy malito? Nos movemos de formas distintas y expresamos así lo que hay en nuestro interior, porque ya te lo digo: los seres humanos somos animales sociales. ¡Queremos compartir lo que nos pasa! Y si vivimos en una sociedad donde no está bien visto gritar por la calle que estás muy triste porque tu novio te acaba de dejar, ya que te mirarían mal, pues habrá que expresarlo de otras formas más sutiles, pero la raíz es la misma.

Con ira, nuestro cuerpo está en tensión: tendemos a andar más rápido y a forzar los gestos faciales, apretando la mandíbula y los dientes, frunciendo el ceño, apretando los puños... No todo esto tiene por qué darse al mismo tiempo ni siempre que tengamos ira, pero es muy probable que nos pase, especialmente si la emoción es muy intensa y no estamos intentando controlarnos de forma activa para que no nos ocurra. ¡Y, a veces, aunque lo intentemos, es imposible y se nota igual!

Con tristeza, sin embargo, tendemos a encogernos sobre nosotres mismes, a reducir nuestro tamaño como si quisiéramos hacernos invisibles. Andamos con la mirada perdida y tenemos la boca tensa, sobre todo cuando estamos tratando de que no se nos salten las lágrimas, y caminamos más despacio. Si la tristeza o la depresión son muy fuertes, puede que andemos como si nos diera igual todo, sin fijarnos en absoluto en lo que nos rodea, e incluso nos podemos tropezar o chocar con algún obstáculo sin querer.

Por otro lado, la felicidad también se ve perfectamente en nuestra forma de movernos: de repente tenemos mucha energía y todo lo que nos rodea se impregna de ella. Nuestra posición será erguida y firme, pero a la vez con cierta elasticidad en los movimientos, vivaces y brillantes. Nuestros músculos faciales estarán relajados, y la mirada denotará simpatía y buen humor, en especial para gente que ya nos conozca.

¡RECUERDA QUE ESTO TAMBIÉN HACE QUE LAS PERSONAS SE SIENTAN MÁS CÓMODAS A TU LADO!

No es que necesariamente estén incómodos al lado de una persona triste o enfadada, aunque puede que sí, pero saben cómo lidiar con ello; lo que pasa es que las emociones ajenas también son contagiosas, y tendemos a sentirnos más alegres junto a una persona feliz.

¿CUÁL ES TU POSTURA?

Igual que se puede diferenciar a simple vista a una persona contenta de una que se siente muy desgraciada, también podemos distinguir las maneras de ser en general de las personas, no solo la emoción concreta que están sintiendo en un momento puntual.

Por ejemplo, podemos diferenciar a alguien introvertido de un extrovertido, o por lo menos hacer una apuesta con cierto fundamento: si en un grupo de personas tienes a una que es el centro de todas las miradas y parece que

lo está disfrutando, alentando al resto y recargándose las baterías con la interacción social, es probable que sea una persona con tendencias más extrovertidas. Sin embargo, si ves a alguien que después de quedar con amigos se queda agotado, aunque se lo haya pasado bien, y que durante las interacciones en grupo quizá permanece más al margen, limitándose a intervenir en escasas ocasiones, puede que estés delante de una persona introvertida. Su propia postura nos dará información sobre qué tipo de persona es: unos gestos más abiertos, más invitando a los demás a interactuar con ella, o unos más reservados y sutiles, pueden darnos más pistas para identificarlos.

También podemos distinguir cuando alguien es intransigente y rígido o cuando es flexible y adaptable, y no solo por lo que dice en voz alta: fíjate en cómo reacciona esa persona cuando se menciona algo con lo que no está de acuerdo, aunque no pronuncie una palabra. ¿Se pone firme, cruza los brazos, frunce el ceño y, en general, hace señales de cerrarse ante lo que sea? ¿O bien parece que está planteándose lo que se le ha comentado, tiene una actitud más abierta y pensativa, dirige la mirada y la postura hacia su interlocutor? Nuestro cuerpo nos delata, aunque creamos que no.

Incluso podemos saber si una persona es tímida y temerosa o si es confiada y echada para adelante. Porque muchas veces, ese «echado para adelante» es literal y físico: nuestra actitud hacia los retos y los problemas también se refleja en la postura, en si decidimos enfrentarnos a las cosas de cara o dejarlas pasar.

EN GENERAL, LA GENTE QUE TIENE UNA AUTOESTIMA FUERTE Y SALUDABLE, QUE CONFÍA EN SÍ MISMA Y EN LOS DEMÁS, QUE TIENE UNA ACTITUD ALEGRE Y OPTIMISTA HACIA LO QUE LOS RODEA, ADOPTA POSTURAS QUE PODRÍAMOS DENOMINAR «EXPANSIVAS».

Tienden a hacerse visualmente más grandes, a abarcar más espacio, a llamar más la atención de la gente. Sientes que te dan la bienvenida y que te hacen sentir a gusto solo con estar cerca, que te invitan a compartir esa alegría y ese espacio personal con ellas. Sin embargo, la gente que por el motivo que sea es más insegura, temerosa y desconfiada lo suele mostrar de manera literal también en su actitud física ante la vida. Muchas veces esta forma de ser de las personas responde a cosas negativas que han sufrido en el pasado, que les han dado muchos palos cuando han intentado abrirse, que se les ha juzgado o que han tenido malas experiencias…, y por eso le han cogido miedo a situaciones cotidianas que realmente no suponen ningún peligro, pero tienen la costumbre de intentar protegerse de más daño a toda costa, ¡así que de manera involuntaria reaccionan de ese modo! Tienden a contraerse, como en un acto de protección ante un exterior hostil y peligroso, y la única forma de sacar a alguien de un «cascarón» de inseguridad y temor como este es demostrarle a base de tiempo y confianza que no tiene por qué tener miedo.

SI SE LES FUERZA A SALIR DE MANERA OBLIGADA, SOLO SE REFORZARÁ LA SENSACIÓN DE QUE HAY COSAS MALAS Y QUE HACEN DAÑO; POR ESO, SI CONOCÉIS A ALGUIEN ASÍ, LO MÁS IMPORTANTE ES TENER PACIENCIA Y COMUNICARSE DE FORMA ABIERTA Y SINCERA CON ESA PERSONA.

También existe otra forma de ser, que a veces también tiene que ver con las cosas que hemos vivido o cómo nos han educado, y que puede ser fácil de adivinar a través de la postura corporal, claro: hablábamos antes de la gente demasiado rígida e intransigente, que no perdona ni un fallo, que es demasiado crítica ante todo y se pasa de exigente, ¡consigo misma y con los demás! Eso se traduce en la postura, porque una rigidez en la manera de pensar a menudo va acompañada de una rigidez física, de una firmeza tanto en el pensamiento como en la forma de movernos. Es posible que a esta clase de personas les cueste abrirse emocionalmente y contar cómo se sienten en realidad, confiar en otra gente o ser sinceros y, al final, eso también es una manera de defenderse; mucha gente que es así lo es porque les han dado muchos palos en la vida y han aprendido que así están más a salvo que comunicándose de manera abierta. Estas personas también tienden a llevar puesta una especie de «máscara» emocional, con la que procuran no revelar sus auténticas emociones con los gestos faciales. Pero nadie es perfecto y, sobre todo, en momentos de gran tensión o sucesos importantes puede que la máscara se escape un poco y sea visible lo que hay más allá…

La postura opuesta a esta rigidez sería la flexibilidad; una forma de colocarse y moverse relajada, distendida y tranquila puede hacernos ver que estamos ante alguien adaptable y flexible, que es capaz de gestionar los momentos estresantes sin que le afecten y que se muestra tal y como es hacia el mundo, sin tapujos. Eso sí, si nos vamos al extremo y tenemos a alguien que se deja caer por las esquinas como si no tuviera huesos, que se dedica a recostarse en las sillas hasta el extremo y estar muy «tirado», puede significar una de dos cosas: que realmente tiene sueño o le duele la espalda y necesita apoyarse, ¡o bien que su necesidad de apoyo es emocional, no física! A veces, sin darnos ni cuenta, necesitamos que los demás nos hagan de soporte, y nos apoyamos físicamente en elles porque nos reconforta. Los casos muy serios pueden ser gente que arrastra heridas de abandono o porque se sienten débiles, desprotegidos, y buscan ese confort donde sea, como en la gente que tienen cerca.

SIENTEN QUE NO SON CAPACES DE SOSTENERSE POR SÍ SOLES, O AL MENOS ESA ES LA IMPRESIÓN QUE DAN, CUANDO TE FIJAS EN SU MANERA DE MOVERSE Y DE POSICIONARSE EN EL MUNDO.

Por eso también es importante ser un buen apoyo para la gente a la que queremos y que nos rodea, porque habrá veces que todos necesitemos un poco de ayuda. Y desde luego que la solución no es cerrarse más, ponerte más máscaras y dejar que se te salgan los sentimientos por las grietas en vez de expresar tus necesidades de manera abierta y sincera, ¡sino pedir ayuda cuando la necesitamos y darla cuando podamos!

No es solo la postura, sino todo el cuerpo en su conjunto; la mirada y a dónde se dirige también es una cuestión a tener en cuenta, como ya hemos visto al hablar de la importancia de mirar a los ojos de nuestro interlocutor. Esto puede sonar un poco cursi, pero ¡la mirada es el espejo del alma! Esto lo dice siempre un amigo mío y es una verdad como un templo, en realidad; los refranes y los dichos populares tienen su razón de ser, y este no es menos. Así, si alguien te mira a los ojos de manera natural y agradable es muy distinto que si ves que constantemente te evita; puedes pensar que le estás incomodando de alguna manera o que no está a gusto, en general. Si mira siempre al suelo y le cuesta mirarte, quizá se trate de una persona muy tímida o insegura, que se siente acobardada o intimidada por la situación ¡o incluso por nosotres! También, si la mirada es muy huidiza, podría estar indicando que esa persona tiene cierto temor a la vulnerabilidad y a la conexión emocional.

Está en nuestra mano dar a entender que no somos una amenaza para nadie, sobre todo para la gente a la que tal vez le cuesta más hacer amistades o abrirse a los demás, y crear un ambiente seguro y cómodo donde también las personas tímidas puedan atreverse a ser ellas mismas, sin ser juzgadas ni que se rían de ellas. Pero ¿qué pasa cuando la mirada es fija y desafiante? ¿Cuando es a ti a quien te hace sentir incomodidad?

UNA MIRADA DEMASIADO FIRME PUEDE SER PORQUE ESA PERSONA TIENE UNA ACTITUD ALGO CONTROLADORA, SUSPICAZ Y QUE ESTÁ MUY SEGURA DE SÍ MISMA, ¡QUIZÁ DEMASIADO!

De nuevo, lo mejor es crear un ambiente de sinceridad y comunicación abierta, para que nadie se ponga a la defensiva ni haya malentendidos; no queremos hacer daño a nadie ni que nos lo hagan.

Estas cosas también se pueden visualizar a través de la diferencia postural, claro, especialmente observando los hombros y la espalda, la columna vertebral en general, que no en vano es lo que nos atraviesa de arriba abajo y lleva dentro todos nuestros nervios. Cuando alguien tiene constantemente los hombros caídos y la cabeza gacha, y suele sufrir dolores de espalda por ello, quizá esté más en el primer grupo de personas del que hablábamos: alguien que tiene miedo a que le hieran, una persona sensible y quizá con baja confianza o autoestima. Si conoces a alguien así, es importante cuidar sus sentimientos y la manera en que le tratas, porque quizá le afecten más las cosas que a otras personas, ¡y no pasa nada!

A las personas no les afectan las cosas del mismo modo; por ejemplo, hay gente a la que le flipa el picante y gente que no puede ni ver una guindilla en pintura, y lo mismo pasa con las bromas pesadas o los comentarios sobre nuestra apariencia. Por el contrario, alguien que mantiene su espalda erguida ante todas las adversidades y que lleva los hombros algo echados hacia atrás, sacando pecho, lo que está dando a entender es que posee una actitud valiente, ¡incluso desafiante! Quizá tienda a estar a la defensiva y a no evadir el conflicto. Eso puede ser muy útil en muchas situaciones, pero también nos podría meter en líos si somos así: no querríamos que nadie se pensara que le estamos retando a una pelea, cuando en realidad esa no es nuestra intención para nada, ¿verdad?

EN GENERAL, EXPRESARNOS CORRECTAMENTE EN NUESTRO DÍA A DÍA, TANTO DE MANERA CORPORAL Y FÍSICA COMO VERBAL, PUEDE MARCAR LA DIFERENCIA DE UNA FORMA EXTRAORDINARIA.

Saber qué impresión damos a los demás y a qué cosas corresponden los rasgos que percibimos en la postura y expresión de la gente son unas claves utilísimas, y nos pueden ayudar a sentirnos mucho mejor con nosotros mismos y en nuestras relaciones interpersonales, ¡y a que la gente se sienta más cómoda y más a gusto en nuestra compañía!

Pero todo esto, así en abstracto, es muy difícil de visualizar. Voy a ponerte unos ejemplos de personas que seguro que te recuerdan a alguien que conoces o has conocido, o que has visto en alguna serie o película; son tipos de gente que se ajustan a estas maneras de ser y que, por tanto, ¡también lo hacen sus posturas!

Pensemos en una clase de instituto.

Estamos en medio de la clase de Matemáticas y la profesora está escribiendo ecuaciones en la pizarra. ¿Qué pinta tiene el alumnado en ese momento? Por ejemplo, pon que tenemos en primera fila a una chavala que le encantan las mates y que está prestando muchísima atención a la profe: todo su lenguaje corporal estará orientado hacia ella, su espalda, su cara, sus ojos, ¡hacia dónde gira los pies, incluso! Pero resulta que esta chica es muy tímida y no tiene muchos amigos, porque la llaman «empollona» y no la tratan muy bien; en otras interacciones quizá se muestre muy retraída, quedándose al margen, cabizbaja y mirando al suelo en vez de hablar con los demás.

> Y EN LA CLASE TAMBIÉN TENDRÍAMOS UN MONTÓN DE TIPOS MÁS: TENDRÍAMOS AL TÍPICO «PASOTA» QUE NO LE IMPORTA NADA, QUE NO HACE CASO Y ESTÁ TIRADÍSIMO EN LA PARTE DE ATRÁS, ¡A LO MEJOR NECESITA MÁS APOYO DEL QUE SE ATREVE A PEDIR A SUS AMIGOS!

O a uno que es un dramas y siempre está tristón por todo, va arrastrando los pies por los pasillos, contándole a los colegas que el *crush* lo ha dejado en visto… Y, por supuesto, al flipado de turno, que se cree mejor que nadie y va por ahí sacando molla de los brazos, con el pecho hinchado como un

palomo, intentando seducir a todas las chavalas que se le cruzan y sin darse cuenta de que solo se ríen de lo evidente ¡y lo patético que es! O el payaso de la clase, que le encanta hacer tonterías para que la gente se lo pase bien y reírse todos juntos, pero no sabe cuándo parar y a veces se pasa de la raya, se mete demasiado en el espacio personal del resto, o toca un tema sensible con una bromita. El que está siempre en su mundo y nada le afecta, todo le resbala, es feliz y ya puede caer un meteorito que tendrá una sonrisa en la cara; la más popular de la clase, que a lo mejor lo es porque de verdad es una chavala encantadora y amable y buena, o a lo mejor es una víbora de cuidado y tiene a la peña intimidada y asustada a su alrededor...

¡HAY MILES DE FORMAS DISTINTAS DE SER Y DE MOSTRARSE AL MUNDO!

Piensa en la gente de tu entorno, de tu clase, de tu barrio, de tu círculo de amistades; piensa en las personas que conoces. Analiza sus posturas corporales, cómo se suelen mover, qué gestos hacen ¡y cuáles no! ¿Encajan con su personalidad? ¿Y qué hay de la tuya? Puedes preguntarle a alguien cercano que te comente cómo ve tu postura, tu forma de caminar y de presentarte, ¡pero no le digas nada más, para no condicionarle! Que te diga su opinión sincera, y así sabrás qué clase de mensajes transmites de manera consciente o subconsciente al mundo. Puede que varias personas distintas tengan opiniones diferentes, ¡y eso también es una buena cuestión que analizar! Nos comportamos distinto según la situación, según con quién estemos y dónde, y los mensajes que mandamos también lo son.

¿Quieres que en ciertos contextos el mensaje que transmitas sea de más confianza en ti misme, de más seguridad, de más alegría? ¡Pues cambiar de postura te ayudará muchísimo! Ya ves, esto no es cuestión del aspecto físico que tengas; igual que hay gente bajita que tiene una presencia inmensa y muestra una fuerza y confianza que llena cualquier habitación en cuanto entra, también hay gente alta y musculosa que parece diminuta y asustada.

DA IGUAL LO GRANDE QUE SEAS, TU ASPECTO, TU FORTALEZA; LO QUE DE VERDAD PODEMOS CONTROLAR ESTÁ DENTRO, Y ESO ES LO QUE IMPORTA: CÓMO SOMOS Y QUÉ TRANSMITIMOS CON ELLO.

LA POSTURA, ¡EDÚCALA!

Lo que te comenté antes de sonreír «a la fuerza», que puede ayudarnos a sentirnos más felices, ¡te lo decía en serio! ¡Yo lo he probado y funciona! A veces es de las cosas que más me ayuda a afrontar un día malo o aburrido, a llevarlo de manera más optimista: lo noto yo y me lo notan mis amistades, se me nota en general. Te recomiendo intentarlo, aunque sea en casa a solas.

Pues lo mismo se aplica a modificar nuestra postura de forma deliberada, con un objetivo concreto: ¡favorecer un cambio en nuestra actitud! Si funciona con las sonrisas, ¿por qué no iba a funcionar con otras cosas también?

Quizá te suene una frase muy conocida en inglés: *«Fake it til' you make it»*, que significa, más o menos, que si todavía no llegas a ese punto de haberlo conseguido, da igual, ¡tú finge que sí! Si actúas como si fueras un pedazo de *crack*, como si tuvieras una autoestima de acero, como si estuvieras segurísime de todas tus capacidades y habilidades, poco a poco te lo irás creyendo. Y esto también va al revés, eh, no te creas: si constantemente estás repitiéndote que eres un fracaso, que no vales para nada, que no deberías ni intentarlo porque para qué… ¡Al final es lo único en lo que vas a poder pensar!

Entrenar nuestros pensamientos consiste en pensar cosas positivas deliberadamente, y en adoptar una actitud corporal que lo acompañe. Es igual que entrenar el cuerpo haciendo ejercicio, poco a poco se va haciendo cada vez más fácil, tienes menos agujetas, sabes manejarte mejor y conoces tus puntos fuertes y débiles, ¡esos últimos son los que hay que entrenar a tope, tanto en el cuerpo como en la mente!

Así que ahí van una serie de claves que te aconsejo para educar tu postura y tus emociones:

1.   Constancia

Ser constante es imprescindible casi en cualquier cosa que queramos conseguir. Volvamos al ejemplo del ejercicio físico, venga: si un día te matas en el gimnasio a levantar quince mil kilos desde cero, pues lo más probable es que a la mañana siguiente no puedas ni salir de la cama de las agujetas, ¡y quizá hasta te hayas provocado alguna lesión por ser tan bestia! Y, claro, así no te darán ganas de seguir haciendo pesas los próximos días, ya que ni siquiera podrás levantar los brazos sin ver las estrellas. ¿No sería mucho mejor empezar con una rutina asequible? Una meta fácil de lograr, que te dé esa satisfacción de haberlo conseguido y esas buenas vibras, y te anime a seguir haciéndolo el día siguiente, y el otro, y el otro… Despacito y con buena letra, mucho mejor que a lo loco. Y esto se aplica exactamente igual a los cambios posturales y de actitud: no podemos pretender que de un día para otro pasemos de estar depres y tiradísimes a ser los reyes del mambo. Pero sí podemos comenzar por enderezar un poco la espalda, erguirnos y expandirnos para intentar sentir poco a poco más seguridad. Proyectaremos una imagen de confianza en nosotres; los demás lo notarán y responderán positivamente en forma de *feedback*, y será como un ciclo vicioso, pero en positivo. ¿Y si lo que quieres es ser más sociable? Practica el contacto visual, intenta mirar un pelín más a los ojos de la gente. Comienza con personas que sean un espacio seguro y que sepas que están ahí para ti, y que te puedan ayudar a sentirte con mayor comodidad mirando a los ojos; así, si te pasas y parece que se te ha ido la olla porque miras demasiado fijamente, también te lo podrán decir y echarte una mano. ¿Qué pasa si te consideras demasiado firme y exigente, contigo y con los demás? Puedes probar a adoptar posturas más relajadas, más abiertas, a buscar activamente cambios que antes no llevabas a cabo. Hay que tener paciencia, en cualquier caso, y no machacarnos si no sale bien a la primera. ¡Poco a poco y con constancia!

2.   El cuerpo no lo es todo

Ya lo siento, pero esto de la postura corporal no es magia. Y los milagros, a Lourdes. Lo que quiero decir es que si la situación en la que estás proviene de un problema serio, de una cuestión psicológica que quieres resolver o con la que necesitas ayuda profesional o de una red de apoyo, cambiar la postura corporal puede traerte mejoras, pero no lo va a solucionar todo. Así que es importantísima la sinceridad con nosotres mismes, ¡y con los demás! Si el motivo por el que eres una persona muy insegura es, por ejemplo, porque te han machacado la autoestima por *bullying*, o por maltrato, o por cualquier otro trauma grave, cambiar solo la postura no te resolverá la vida. Necesitaremos que estos cambios de actitud vayan acompañados de un trabajo psicológico con profesionales, que también es una cosa que requiere tiempo (y dinero, por desgracia, que ya sabemos cómo está la Seguridad Social de recursos). Lo de *mens sana in corpore sano* va en ambos sentidos, el cuerpo no puede estar sano si no lo está la cabeza, y viceversa. Pero ser

conscientes de nuestro cuerpo y del peso que tiene (no, no estoy llamando gordo a nadie) es importantísimo. Es el cuerpo que nos ha tocado en esta vida, para bien o para mal. Lo mejor que podemos hacer es aprender a utilizarlo como la herramienta que es para movernos por el mundo; a quererlo, porque es el que nos permite hacer cosas maravillosas, como escuchar música, ver una película, besar a alguien a quien quieres, comer comida rica; y a entenderlo y conocerlo mejor, saber cómo funciona y cómo conseguir los mejores resultados de lo que queramos hacer con él, en general. Y este es un buen primer paso en cualquier situación, reconciliarnos con nuestro cuerpo y con la importancia que tiene, y usarlo y habitarlo de manera consciente, en vez de dejarnos arrastrar por la inercia y el hábito. Solo así podremos alcanzar nuestras metas.

3.   Valora la postura

La tuya y la de los demás, ojo. Tanto de las experiencias malas como de las buenas se aprende, y el cuerpo aprende también, de eso no hay duda; somos como un libro escrito, pero en vez de estar escrito en letras sobre papel, son los años y las vivencias las que tenemos escritas en la carne y en la piel. Nuestra postura cuenta cosas no solo sobre quiénes somos ahora, sino sobre quiénes hemos sido, ¡e incluso sobre quiénes seremos, si nos fijamos bien! Habla de nuestro pasado y de nuestra forma de ser, de la vida que hemos llevado hasta ese momento, y eso es lo que nos convierte lentamente en las personas que somos hoy: todo ese conjunto de cosas que llevamos almacenadas en el cuerpo, igual que en la cabeza llevamos almacenados los recuerdos. Así, como libros que somos, la gente nos puede leer y podemos leer a los demás. La posición de nuestros hombros es quizá la portada de nuestro libro. Nos da una idea de las batallas que hemos librado a lo largo de nuestra vida, de las que hemos ganado y también de las que hemos perdido; de los problemas que hemos sufrido, de los que hemos resuelto y de los que todavía llevamos a cuestas. Habla de los resentimientos que guardamos en el corazón, incluso de los que

nos negamos a nosotres mismes; explica nuestra personalidad tímida o abierta, amigable o cautelosa, risueña o agresiva. Valoremos la belleza de la postura; por cómo es y por lo que podemos construir con ella a partir de ahora, en este momento en el que nos hacemos conscientes de su poder y de su capacidad para transformarnos. Nuestro carácter está escrito en sus páginas, como también lo están los estímulos que hemos recibido del exterior, ¡y la manera que tenemos de reaccionar a ellos!

4.   Escondida a simple vista

Hablo de la postura, sí: quizá sea el elemento más fácil de observar y de interpretar dentro de la comunicación no verbal, y no te exagero. ¡Más que las sonrisas y que las lágrimas, en ocasiones! Todo el mundo puede fingir una risa con más o menos acierto, y hay gente que también sabe provocarse el llanto. Las expresiones faciales, en general, son cosas muy obvias y de las que somos siempre muy conscientes, pero la expresión postural nos entra por el subconsciente. Sin que nos demos ni cuenta, nuestro cerebro recibe y procesa esta información, aunque parezca que pasa desapercibida; como no lo hacemos de manera voluntaria, nuestra respuesta a estas sensaciones tampoco lo es, sino que respondemos automáticamente. Por eso a veces nos da mal rollo una persona sin saber especificar en concreto por qué u otra nos cae superbién y congeniamos enseguida, o pensamos que otra esconde algo y no nos fiamos. Son cálculos que hace el cerebro sin enterarnos, en segundo plano, y que nos aportan información subconsciente. Estas señales y mensajes que nos envían las posturas también pueden estar relacionadas con lo que nuestro interlocutor siente, opina o juzga de una situación u otra persona, ¡de ti! Pero poco a poco, a base de fijarnos y de pasar esa interpretación subconsciente a una consciente, podremos ir dándonos más cuenta de lo que nos estábamos perdiendo, y también de los datos que aportamos a los demás con nuestra actitud postural. ¡No hay que subestimar nunca la postura!

Voy a ponerte un ejemplo de todas estas posturas distintas con una pequeña historia, que seguro que así se entienden mucho mejor. Te presento a Lorena, Álex y Nuria. Primero solamente te voy a describir sus posturas y su lenguaje corporal, a ver si adivinas cuál es su significado, ¿lo averiguarás?

Lorena llegó tarde al parque, donde había quedado con Álex y Nuria. Venía comiéndose las uñas casi hasta el hueso, sin poder parar. Álex la saludó, pero sin mirarla a los ojos, mirando hacia abajo, al suelo. Estaba cogido de la mano de Nuria que llevaba la espalda recta y firme, con una postura erguida; ella sí miró fijamente a Lorena al saludarla.

—Hola, chicos —dijo Lorena, llevándose una mano a la oreja y dándose un tironcillo del lóbulo—. Lo siento, ¿habéis esperado mucho?

—Solo un rato —contestó Nuria y cruzó los brazos a la altura del pecho—. Bien. Ya estamos todos.

Álex seguía sin mirar a nadie a los ojos, y se frotó la mandíbula, acariciándose la barba.

—Sí —dijo—. Estamos aquí.

—Qué bien, ¿no? —comentó Nuria entrelazando los dedos—. Por fin los tres juntos, ¡cuánto tiempo ha pasado! Porque, claro, vosotros dos sí que os veis más a menudo en clase, pero hacía mucho que no coincidíamos los tres.

—Sí…, mucho tiempo —dijo Lorena, y ella también bajó la mirada.

Álex se frotó las manos, aunque no hacía frío.

—Bueno, Nuria ¿qué querías decirnos? Has dicho que tenías una sorpresa para nosotros.

—Ah, sí —dijo Nuria—. Venid, sentaos, que os cuento.

Nuria se sentó la primera, con las manos por detrás de la cabeza, y esperó a que los otros dos la siguieran.

Lorena se quedó encogida sobre sí misma, y Álex cruzó las piernas, balanceando ligeramente el pie arriba y abajo sin parar.

—El sábado es mi cumpleaños —dijo Nuria—. Pero me voy a hacer un regalo a mí misma hoy, y vosotros dos me vais a ayudar.

Álex inclinó la cabeza hacia ella.

—¿Un regalo a ti misma?

—Claro. Sé que tú también tienes una sorpresita para mí, no te preocupes —añadió Nuria—. Lo sé todo.

—¿Cómo que lo sabes todo? —preguntó Álex—. ¿A qué te refieres?

Nuria se apretó el puente de la nariz y respiró hondo.

—El regalo que me voy a hacer a mí misma es dejarte, Álex —soltó—. Para dejar de aguantar tus mentiras. Para que te vayas con Lorena de una vez, que sé que llevas poniéndome los cuernos con ella dos meses. ¿Ves? Lo sabía todo. ¡Ahí os quedáis!

Y SE MARCHÓ, DEJÁNDOLOS A AMBOS BOQUIABIERTOS Y AVERGONZADOS.

¿Qué tal? ¿Cómo se te ha dado averiguar los significados reales de las posturas y gestos no verbales en la conversación? ¿Has adivinado que Álex y Lorena le ocultaban algo a Nuria antes de que ella lo dijera explícitamente? ¿Sabías que Lorena se sentía culpable, nerviosa e insegura por estar traicionando a su amiga? ¿Te has dado cuenta de que Nuria lo sabía todo desde el primer momento y estaba dominando la situación? ¿Y de que Álex no quería escucharla hasta que ya era demasiado tarde?

Todo esto y más se puede saber con el lenguaje no verbal. Si alguien mira constantemente hacia abajo y te evita la mirada, como Lorena, quizá oculte algo y le dé vergüenza que se lo veas escrito en los ojos; si se muerde las uñas o los pellejos de los dedos compulsivamente, significa que esa persona está nerviosa e insegura, es posible que tenga una baja autoestima, impaciencia o ansiedad, igual que si se frota mucho las manos o golpea ligeramente los dedos contra alguna superficie. Sin embargo, si camina erguida, se sienta con las manos apoyadas tras la cabeza y entrelaza los dedos, como Nuria, eso significa confianza y seguridad, autoridad y autoestima; da una sensación de superioridad y jerarquía, y más aún si se combina con los brazos cruzados, defensivos y expectantes.

YA SABES: ¡PRESTA MUCHA ATENCIÓN A LAS POSTURAS DE LA GENTE QUE TE RODEA! PUEDEN REVELARTE SECRETOS ASÍ DE GORDOS, ¡TODO ESTÁ EN LA COMUNICACIÓN NO VERBAL!

NUESTRA ACTITUD

¿Actitud? Un momento, pero ¿no estábamos hablando de gestos y de posturas? ¿Qué tiene que ver la actitud con el lenguaje corporal?

Pues, colega, ¡tiene TODO que ver! Está totalmente relacionada una cosa con la otra. Ya hemos visto que modificar nuestra postura de manera deliberada puede llevar a que, poco a poco, nuestra actitud y nuestras emociones cambien, ¿verdad?

¿Y si te digo que también puede ser al revés?

Suena lógico, ¿no? Si cambiamos, o intentamos cambiar, nuestra manera de afrontar la vida y las situaciones que nos surgen, de manera natural también puede cambiar la forma que tenemos de presentarnos ante el mundo, ¡incluso subconscientemente! Y conscientemente también, ojo, que ya que estamos intentando dominar nuestro lenguaje no verbal, ¿por qué no hacerlo también con esto?

Antes de nada, ¿qué es la actitud?

Podríamos definir la actitud de una persona como el comportamiento que demuestra frente a la vida en general. Sé que suena muy difuso, pero en realidad todo forma parte de nuestra actitud: cómo nos tomamos las cosas, de qué maneras nos afectan, cuál es nuestra primera reacción ante algo que nos impacta… ¡Todo eso es la actitud!

Y se puede entrenar también, lo creas o no. Es cierto que hay cosas que suelen estar muy arraigadas por nuestro aprendizaje, o por cómo se han comportado a nuestro alrededor nuestras familias, nuestras amistades o nuestro círculo cercano; otras, sin embargo, dependen de que tomemos una decisión u otra.

Por ejemplo, que un compañero de piso sea un guarro y no lave los platos ni a tiros nos puede enfadar, pero podemos canalizar ese enfado de maneras distintas: podemos lanzarle los platos a la cabeza y hacerle una brecha que le lleve a urgencias (no recomendado, la violencia no es la solución), podemos quedarnos sufriendo en silencio sin decir nada esperando a que le venga la inspiración divina de limpiar (lo dudo mucho, sobre todo si es un piso de estudiantes) o podemos decirle de forma asertiva y firme: «Chaval, que no sé si te has dado cuenta, pero esto es una casa y no un vertedero; o limpias o nos buscamos otro compi de piso que no se traiga cucarachas de mascota, tú verás».

Dicho así parece muy fácil, claro, pero también debemos tener en cuenta que si ya es la trigésima vez que nos topamos con un compañero asqueroso de narices y seguimos teniendo que compartir piso en una ciudad carísima porque la precariedad es una cosa, a lo mejor apetece más partirle los platos en las narices al tío guarro. O que si tus últimos compañeros de piso te han tratado fatal, se han aprovechado de ti y te han hecho pensar que el problema era tuyo por querer vivir en una casa limpia como querría cualquier persona, también te va a costar más cantarle las cuarenta porque tendrás miedo a que vuelva a pasar algo malo.

Nuestra actitud, por tanto, es fruto de nuestras experiencias, pero también lo puede ser de nuestras decisiones. Puede que nos den ganas de arrearle al compañero con la olla exprés, pero debemos pararnos a pensar si de verdad es la mejor opción; aunque sea más cómodo callarse y dejar que nos pisoteen y esperar a que se vuelvan buenas personas ellos solitos, quizá podemos respirar hondo y hablar con seriedad, con un poco de esfuerzo y apoyo.

Así que, ¿qué actitud te gustaría tener a ti frente a la vida?

Supongo que la respuesta a esta pregunta no será: «Buah, pues me encantaría tener una actitud superpesimista, que todo me afectase muchísimo y llorar por las esquinas a diario, sería perfecto». Ni tampoco será: «Uf, pues quiero ser un cabrón con pintas, aprovecharme de toda la gente que conozca, manipularla y hacerla sufrir» (y si lo es, busca ayuda, pero en el psiquiatra, no en este libro). Estoy seguro de que tenderá a ser algo más positivo, ¿verdad?

Vamos a ver qué tipos de actitudes existen, a cuáles nos gustaría aproximarnos y cuáles nos parecen más atractivas y sexis. Porque piensa por un momento en el colega ese de los platos sucios. ¿A que eso tampoco tiene absolutamente nada de atractivo? Una actitud así de dejadez y de descuido echa para atrás a la peña. Sin embargo, una persona que demuestre madurez, que cuide de sus cosas y del espacio que comparte con los demás, ¡se hace querer!

Esto es solo un ejemplo, pero cuando conozcas más clases de actitudes, podrás ver cómo funcionan. Así podrás intentar adoptarlas en cierta medida, tratar de reconducir algunos impulsos para que sean más de la manera que te gustaría ser; o, al menos, aunque el primer instinto no sea exactamente el que preferiríamos, que la decisión consciente de actuar sí esté más en línea con nuestras metas. De esta forma, podemos llegar a ser las personas que queremos ser, cumplir nuestros objetivos ¡e ir cambiando las reacciones que parecen más inconscientes! Hemos de tener siempre una buena autocrítica, pero sin pasarse: ni creer que somos perfectos y no tenemos fallos, ni pensar que somos lo peor del mundo y no tenemos remedio, porque no es verdad. Siempre habrá cosas buenas y cosas a mejorar, porque podemos tener varias actitudes a la vez, dependiendo del contexto en el que estemos, de quién nos rodee, de si estamos en clase o en casa… ¡Vamos a verlas!

1.   Actitud positiva

Es uno de los tipos de actitud más favorecedores, para ti misme y para los que te rodean; de eso no cabe duda. Y es que… ¡es contagiosa! Cuando tu entorno tiene esta actitud, tú tenderás también a tenerla; si te han criado rodeado de buenas vibras, tus amistades son gente chulísima que procura ver siempre la parte buena de las cosas, y te han enseñado lo importante que es no perder la sonrisa, ¡es muy fácil contribuir a que la gente que quieres también intente ver las cosas así! Consiste, básicamente, en interpretar las situaciones o los estímulos que recibimos de manera positiva y optimista, aunque haya dificultades de por medio. ¿Suena fácil? ¡Pues no lo es en absoluto! Por eso es tan importante valorar a las personas que son así, y por eso son tan escasas. Son gente que persigue sus objetivos de manera sana, con confianza y, a menudo, también con disciplina. ¡Qué pasada!

2.   Actitud negativa

Viene a ser un poco lo contrario de lo anterior. Consiste en generar una visión pesimista y negativa de la realidad, en no valorar o no contemplar en absoluto los aspectos positivos de cualquier situación, o buscarle el punto

malo a todo. Si vemos solo la parte mala de las cosas, tenderemos a evitar-las, a quejarnos y a que nos cueste mucho más alcanzar nuestros objetivos. Y, al igual que la positiva, ¡también es contagiosa! Si todo lo que te ha rodeado siempre ha fomentado esta clase de actitud, puede ser muy difícil quitarse estas tendencias de encima. A veces se cae en lo que se llaman «profecías autocumplidas», que es cuando piensas que algo saldrá mal y te autocon-vences tanto que al final acaba saliendo mal, porque vas con esa idea, y se re-fuerza la sensación de que el pensamiento negativo es el correcto. También puede dar lugar a ciclos viciosos y llevar a un aislamiento que solo hará más profunda la negatividad. Si algo en tu vida está causando que tengas esta clase de actitud, ¡cámbialo! Ya sea una pareja, una persona de tu familia, un curro en el que te explotan, un colega que te trata fatal... ¡Por nuestro propio bien, hay que intentar salir del pozo y dejar lo negativo atrás!

3.   Actitud neutra

Cero grados: ni frío ni calor. Ni demasiado positiva ni demasiado negati-va. Es un tipo de actitud poco frecuente, ya que los seres humanos, somos animales emocionales. Por muy racionales que seamos, siempre va a haber cosas que nos afecten, para bien o para mal, pero se puede adoptar una ac-titud neutra cuando intentamos ser imparciales en un juicio de valor. Cuan-do se trata de un asunto que no nos incumbe directamente, es más fácil ser neutral; lógicamente, si la cuestión a debate es una que nos toca de manera profunda o que nos importa mucho, nos costará ser neutrales. Y tampoco hay por qué serlo en todos los casos, ojo, aunque no nos afecte directamente. Por ejemplo, si hablásemos de la extinción de los pandas en China, somos capaces de ver que el punto intermedio entre «que se extingan todos los pandas» y «que no se extingan los pandas» sería «que se extingan, pero solo un poquito», lo cual ni tiene sentido ni es una postura razonable de ningún tipo. Por eso, la gente cuya actitud es excesivamente neutra puede ser percibida como pasota, o que da poca importancia a las cuestiones que le rodean; sin embargo, ser imparcial ante temas que realmente necesitan una visión neutra es una actitud poco común y muy favorable.

4.   Actitud proactiva

Para tener una actitud proactiva de manera natural, tienes que haberte criado de una forma en la que te hayan enseñado que los problemas se pueden solucionar, que los puedes solucionar tú misme, y que se puede mejorar tu situación a base de esfuerzo. Esto no siempre es cierto; no en todos los contextos ni en todas las circunstancias, y por eso es tan raro encontrar a gente que realmente sea proactiva de forma espontánea. Son líderes; personas que buscan, activa y autónomamente, mejorar las cosas que hacen y resolver los conflictos, salvar los obstáculos que se encuentran y salir adelante. También suelen ser personas creativas, que les gustan los retos y buscan nuevos. Las empresas y las guías para las entrevistas de trabajo te dirán que esta es la mejor forma de ser, porque así les reportarás más beneficios, pero no podemos olvidar que no estamos solos en este mundo: ser tan proactivo y tener tanta mentalidad de tiburón puede provocar que se nos olvide que a veces también necesitaremos ayuda de los demás, o que le neguemos esa ayuda a quien lo necesite, puede derivar en ser egoísta y poco empático.

5.   Actitud reactiva

Viene a ser un poco lo contrario de la proactiva: son gente que trabaja muy bien bajo instrucciones u órdenes, que les ayuda mucho saber exactamente lo que se espera de ellos antes de hacerlo. Si no les dices lo que tienen que hacer, no hacen nada, pero una vez que se les dice, se apañan sin rechistar. Tendemos a desarrollar este tipo de actitud cuando nos hemos criado en un entorno muy exigente y estricto, en el que seguir las reglas era la única manera de sobrevivir, o como respuesta a ciertos tipos de situaciones muy estresantes que nos dejan sin energías para poner en marcha nuestras propias ideas, o sin confianza en las mismas. Tener solo este tipo de actitud nos puede bloquear frente a los problemas, hacer que dependamos demasiado de los demás, e incluso que se nos perciba como conformistas. Lo ideal es no irse ni a un extremo ni al otro: saber cuándo seguir las instrucciones y cómo reaccionar a lo que nos rodea, pero también cuándo tomar el control y seguir nuestro propio camino.

6.   Actitud interesada

Interesada ¿en qué? ¡En sus propios objetivos! Decimos que una persona es interesada cuando solo le interesa ella misma, su propio ombligo, y a los demás que les den: solo conciben a la gente que les rodea como herramientas para alcanzar sus metas. No tienen en cuenta las necesidades de los demás o las valoran muy poco, mucho menos que las suyas propias; también está muy relacionada, por tanto, con el egoísmo. Puede ser más o menos intenso, y también más o menos evidente para los demás; quizá esta gente busque también en cierta medida el bien común, pero solo cuando le reporte algún tipo de beneficio personal, ¡aunque solo sea para que el resto piense que son superbuenas personas! Promueve otro tipo de actitud todavía más chunga, que veremos más adelante: la manipulativa. A mí, personalmente, es un tipo de actitud que me echa muchísimo para atrás. El bien común debe ser común de verdad, no solo en lo que te beneficia a ti individualmente, y no debemos confundirlo.

7.   Actitud desinteresada o altruista

Es prácticamente la actitud opuesta a la anterior. Son gente que siempre piensa en los demás antes que en elles mismes, que se plantean siempre el bienestar del resto antes que el propio. Sus actos tendrán el objetivo de ayudar a otros, a la gente que les importa o a la comunidad en general, independientemente de que esa ayuda no les traiga de manera personal ninguna ventaja, ¡o de que incluso suponga desventajas! Ser completamente altruista en todo lo que hacemos es imposible, porque hacer cosas buenas por los demás también nos hace sentir más a gusto, aunque solo sea a nivel emocional. Y tampoco es bueno serlo siempre, porque recordemos que la gente interesada y manipuladora existe: las personas altruistas son una presa ideal para esta clase de gente. Muchas personas que dan y dan, sin esperar nada a cambio, acaban por abandonar este tipo de actitud con el tiempo por no recibir nunca reconocimiento por lo que hacen, y porque se aprovechen de ello y no lo valoren. Si tienes a alguien así en tu vida, ¡asegúrate de agradecer lo que hace por ti y que se sienta apreciado, porque están en peligro de extinción!

8.   Actitud colaboradora o integradora

Podríamos decir que es ese punto intermedio perfecto entre pensar solo en ti mismo y pensar solo en el resto. La gente colaboradora reconoce el valor de la interacción con quienes la rodean, procura que todo el mundo pueda alcanzar sus objetivos y que nos ayudemos mutuamente en nuestras metas individuales y conjuntas. Esta sí que es una actitud escasa, porque es muy fácil pasarse de frenada e irse a uno de los dos extremos, ¡incluso sin querer! La única forma de obtener el preciado bien común es esta, sin embargo: colaborar todes juntos, cada cual en la medida de sus posibilidades, para que el mayor número de personas tenga la mayor felicidad posible. Sin embargo, muy a menudo vemos gente que prefiere triunfar de forma individual, pisoteando al resto y apoyándose en elles para llegar hasta la cima, o a gente que ha aprendido a base de palos que lo único para lo que sirven es para que otros se apoyen en ellos para triunfar. ¡Y ninguna de estas dos cosas contribuye al bien común!

9.   Actitud manipuladora

Te dije que iba a hablar de esta, ¿no? Cuando el interés individual se nos va de las manos y acaba siendo lo único que nos importa, cuando pasamos la línea roja y nos dedicamos a utilizar a los demás de forma cons-ciente y deliberada, esta-mos siendo manipuladores. Las personas que nos rodean pasan a ser meros instrumen-tos, unas herramientas de las que valernos para conseguir nuestros objetivos, un vehícu-lo que tomar hacia nuestros intereses, ¡sobre todo la gen-te altruista y empática! Es un tipo de actitud común entre maltratadores; la manipulación emocional es una de sus herramientas, ha-certe sentir mal por no hacer lo que ellos

quieren, hacerse los pobrecitos, que pienses que tú tienes la culpa... Se aprovechan de la gente buena y generosa, y por eso debemos mantener a esta clase de personas ¡bien lejos! Y también debemos mantener estas actitudes completamente desterradas de nuestra forma de ser y de nuestro círculo cercano.

10.   Actitud pasiva

Cuando nuestra visión de la realidad es tan negativa y oscura que no vemos forma de salir de donde estamos; cuando nos han machacado tanto que creemos que, hagamos lo que hagamos, es imposible mejorar, solemos desarrollar una actitud pasiva ante todo. Todo nos da igual, todo nos pasa por encima, no tenemos iniciativa ni hacemos absolutamente nada con nuestra vida. Nos plegamos a lo que se exija de nosotres y punto; pasamos a depender por completo de una validación externa, olvidamos nuestros deseos y nuestros intereses, y somos incapaces de defender nuestros derechos aunque nos pisoteen. En esto es en lo que se convierten muchas personas altruistas cuando la gente manipuladora se aprovecha de ellas, o gente en general que ha sufrido traumas, maltrato o acoso constante. Por eso es importante, si conocemos a una persona que mantiene esta actitud ante una situación peligrosa, apoyarla y ayudarla a que salga de ella, porque muchas veces le es absolutamente imposible salir por su propia cuenta: el manipulador ya se ha encargado de que así lo sea, de robarle las energías para que no pueda escapar.

11.   Actitud agresiva

Hay gente que, ante el conflicto, defiende sus propios derechos por encima de los de los demás, llegando incluso a ignorarlos o a minusvalorarlos. Puede incluso llevar a la violencia, tanto verbal como emocional y física. Pero ¿por qué se da? Te voy a contar mi experiencia personal con una persona agresiva.

Hace años, al principio de la ESO, un chaval se dedicó a intentar hacerme la vida imposible. Se figuró que yo me había metido en medio de su relación con su novia, así que ese fue el desencadenante y el motivo por el que no me dejó en paz durante un año entero. Fue un año bastante complicado, la verdad; la actitud agresiva se apoderó de él y decidió que era una buenísima idea convertirse en un *bully* y en un matón de pacotilla, que esa era la solución perfecta y que además así su novia le querría muchísimo. Lógicamente, eso no tenía ni pies ni cabeza, pero daba igual: él lo que quería era descargar su frustración con alguien, y me pilló a mí de por medio, como podría haber pillado a cualquier otro. Por suerte, éramos críos, y al final el chico cambió; a día de hoy somos amigos y le he perdonado por todo.

Pero no siempre podemos perdonar a quienes nos hacen daño, especialmente si ese daño nos acarrea secuelas o traumas graves a lo largo de la vida; el *bullying* es algo que a menudo nos pilla en situaciones muy vulnerables, donde no tenemos herramientas para defendernos ni para proteger nuestra autoestima ante los ataques. Por eso es tan importante luchar contra ello cuando vemos que ocurre: es más fácil luchar desde fuera que desde dentro, proteger a une compañere que salir por sus propios medios de una situación de acoso. Pedir ayuda es crucial, sí. Pero si esa ayuda no llega nunca, si por mucho que contactas con el profesorado, con familiares o con otras personas que puedan interceder no lo hacen, o se limitan a dejarte aún más expuesto al peligro, aprendemos que pedir ayuda no sirve de nada. Hay que aprender a ayudar, a no dejar que estas situaciones ocurran delante de nosotres, a no callarnos por miedo a que también nos hagan *bullying* si alzamos la voz para proteger a alguien. Y hay que aprender, por encima de todo, a no señalar a quien es diferente ni a disfrutar de señalarlo, ni a reírse de las diferencias; puede que a veces no nos demos cuenta del daño que hacemos, pero estamos contribuyendo a perpetuar algo terrible. También hay que entender que muchos chavales hacen *bullying* porque es lo que han mamado desde casa, han vivido en entornos agresivos y llenos de prejuicios, o bien se los ha tratado como pequeños reyes desde que nacieron y creen que pueden imponerse a los demás. Esto no justifica nada, pero quizá pueda ayudar a explicarlo, y a entender que el «problema» siempre lo tiene el acosador, no el acosado, y que debería ser el primero quien acabe en la salita del psicólogo y no el segundo.

12. Actitud asertiva

La asertividad consiste en expresar tus propias opiniones, derechos y sentimientos de manera plenamente consciente y sincera, en comunicarlos abiertamente; ni imponérselos a los demás, ni ocultarlos para priorizar los del resto. ¿Parece fácil? Pues no lo es en absoluto. Encontrar el equilibrio y la flexibilidad, saber respetar las opiniones ajenas y aprender a negociar, pero sin ceder en las cuestiones que son importantes para ti ¡es dificilísimo! Requiere un esfuerzo para adoptar esta actitud, aunque merece la pena: no te dejarás pisotear ni tampoco pasarás por encima de nadie.

Te pongo un ejemplo: Maryam quiere decirle a su novia, Celia, que a veces siente que le dedica mucho tiempo a sus aficiones y poco a la relación. ¿Cómo se lo podría decir?

—¡Ya no te importo nada! ¡Quieres más a tus compañeras del equipo de fútbol que a mí! ¡Seguro que te estás liando con alguna en secreto! ¡Te dejo!

Esto sería una actitud agresiva.

—Sí, me da igual que hayas quedado con las chicas del equipo hoy... Era nuestro aniversario, pero no importa... Sé que hay cosas más importantes que yo, está bien.

Esto sería una actitud pasiva.

—Oye, cielo, tengo que decirte una cosa. Últimamente siento que le estás dedicando menos tiempo a estar juntas, y me gustaría saber por qué. Me siento un poco celosa de tus compañeras de equipo, que pasan tanto tiempo contigo, y no quiero que sea así. ¿Crees que podríamos hacer algo?

Y esto sería una actitud asertiva. Requiere confianza en ti misme y en los demás como para tener plena sinceridad, para admitir también emociones negativas como los celos, y que se haya establecido una comunicación mutua de respeto. Si no, podemos caer en la agresividad o en la pasividad, ¡y ninguna de las dos resolverán el problema!

13.   Actitud permisiva

Si nuestra actitud es demasiado permisiva, significa que tenemos un exceso de flexibilidad con las situaciones que nos rodean; en especial, con las que nos afectan. Está bien ser flexible, claro, y saber dar tu brazo a torcer de vez en cuando, pero hacerlo de manera constante llevará a que la gente lo pueda utilizar para aprovecharse de ti. Podemos elegir con qué cosas tenemos manga ancha y con cuáles no: saber qué batallas luchar y en cuáles reservar nuestras fuerzas. Quizá no valga la pena discutir sobre si quieres cenar en un italiano o en un japonés, pero si resulta que a esa cena está invitada tu amiga que es vegetariana, a lo mejor sí es importante insistir en que se vaya a un sitio donde ella también pueda comer. Una personalidad fuerte a menudo se percibe como madura y atractiva, y se puede entrenar a base de esfuerzo y práctica.

14.   Actitud emotiva o emocional

Tener una actitud emotiva consiste en que sean las emociones la base de tus decisiones; lo que te hace sentir felicidad o tristeza, lo que te afecta al corazón y te provoca impulsos. A todo el mundo le pasa, en mayor o menor medida, porque nadie es un robot; tenemos sentimientos, somos empáticos por naturaleza. El ser humano como animal social se basa en las emociones para relacionarse desde que el mundo es mundo, pero el problema puede surgir cuando esos sentimientos te desbordan o te afectan más de lo que te gustaría. Quizá ver a una persona sufrir, llorar o estar triste te pro-

voque las mismas sensaciones, y eso no tiene por qué ser algo negativo; al revés, indica que te puedes poner en el lugar de los demás, pero es importante saber controlar hasta dónde nos afecta, para que no nos arrollen esas emociones. Es bueno tener empatía y preocuparte por la gente a la que quieres, pero también es bueno saber pisar el freno de vez en cuando y preocuparte por ti. Tener una personalidad emotiva puede estar relacionado con ser una persona más generosa, más romántica y afectuosa, porque en general valora mucho más el afecto, tanto el propio como el ajeno.

15. Actitud racional

Se llama racional a una actitud que utilice solamente la lógica y la razón a la hora de valorar la realidad, dejando completamente de lado el aspecto emocional. ¿Pero es esto possible siendo seres humanos y no máquinas? Yo, personalmente, es un tipo de actitud que aprecio mucho, y creo que es maravilloso cuando me encuentro a gente así, porque me aportan un punto de vista muy objetivo hacia mis problemas o mis inquietudes. No a todo el mundo le pasa, y olvidar los sentimientos nos puede convertir en personas frías e insensibles, pero lo importante, una vez más, es saber alcanzar un punto de equilibrio en el que tú te sientas cómode y estés a gusto, ¡y la gente que te rodea, también!

¡LIGA CON TU CUERPO!

La expresión corporal, como ves, es importantísima a la hora de transmitir un mensaje. ¿Y qué pasa si el mensaje que quieres transmitir es lo muchísimo que te gusta tu *crush*? ¡Pues también! Se puede usar para ligar y para seducir, para dar una buena primera impresión ¡y una segunda aún mejor! El lenguaje no verbal puede ser incluso más importante todavía que el verbal para ligar, porque no dejamos de ser animales movidos por nuestros instintos y por la reacción subconsciente a lo que percibimos; si a través

de la expresión corporal de otra persona notamos que puede tener malas intenciones, nos da mal rollo enseguida, ¡y queremos salir corriendo en la dirección opuesta!

Pero, claro, cuando lees «ligar con el cuerpo», quizá lo primero que te venga a la cabeza es pensar: ¡si mi cuerpo no está hecho para eso! Soy demasiado bajito, o demasiado tirillas, o tengo demasiada barriga, o demasiados granos, o soy demasiado torpe… O no soy lo suficientemente guay, lo suficientemente cachas, no tengo el suficiente atractivo. Y, sin embargo, ¿a que conoces a un montón de personas que ligan muchísimo sin ser modelos de pasarela? Que tienen cierto carisma, cierta forma de moverse y de interactuar con la gente que hace a los demás sentirse a gusto y en relax, que generan sonrisas a su alrededor (y no porque se estén riendo de elles, precisamente). Tal vez no ganarían ningún concurso de belleza, pero tampoco lo necesitan; tienen confianza, tratan bien a la gente, son amables y parece que les rodee una especie de «aura» que los hace destacar y que te fijes enseguida.

No se trata de ajustarse a los estándares de belleza, que además cambian constantemente y están hechos para que nos gastemos dinero en gimnasios, dietas y ropa: ¡se trata de transmitir confianza en ti y dársela a quienes te rodean!

Por eso hemos de ser conscientes de las acciones que llevamos a cabo con nuestro cuerpo, y de qué impresión provocan en los demás; de si hacen que se sientan intranquilidad o en tensión, o bien si generan buenas vibras. La inmensa mayoría de estas acciones, expresiones o movimientos corporales son involuntarios; surgen de forma espontánea y no nos damos cuenta. Son muy difíciles de controlar, pero no es imposible. ¡Se pueden educar y aprender! Es posible ir ganando poco a poco soltura y fluidez en la comunicación no verbal, igual que en cualquier otro idioma. De esta forma, podemos manejar nuestro cuerpo para saber qué mensajes transmitimos y cómo, y despertar el interés de los demás, ¡sobre todo, de nuestro *crush*!

Vamos a hablar, por tanto, de detalles corporales que nos ayudarán a situarnos en el mejor de los escenarios: antes de haber movido la lengua para pronunciar una sola palabra, ya estaremos encaminados a causar ¡la mejor impresión posible!

CUANDO NO ESTEMOS EN CONVERSACIÓN CON OTRA GENTE, PERO NOS PUEDA OBSERVAR ALGUIEN QUE NOS INTERESA, ES IMPORTANTE TENER EN CUENTA LA FORMA DE ANDAR Y TAMBIÉN LA POSICIÓN AL ESTAR QUIETOS, TANTO DE PIE COMO SI NOS HEMOS SENTADO.

Primero hablaré de cómo caminamos. Dependiendo de si la imagen que quieres transmitir es más masculina o más femenina, puede que quieras cambiar tu manera de andar. Por ejemplo, un hombre o cualquier persona que quiera proyectar masculinidad tenderá a caminar más erguido, con los hombros levemente inclinados hacia atrás; dará pasos firmes y decididos (sin pasarse y ponernos a andar a zancadas), con un movimiento suave y armónico en su contoneo, nada de ser palos tiesos. Sin embargo, una persona a la que le interese transmitir feminidad también querrá tener un paso firme, con los hombros hacia atrás y la vista puesta en el horizonte, sin arrastrar los pies y sin exagerar los movimientos de forma que parezca que está en una pasarela; ahí es donde se encuentra la sensualidad, y no lo digo yo, lo dicen expertes en moda y *lifestyle* que entienden de estas cosas.

A CUALQUIER PERSONA, EN GENERAL, LE VENDRÁ BIEN TENER LOS HOMBROS UN POCO MÁS ATRÁS DE LA POSTURA DE REPOSO O RELAJADA, EVITANDO ENCORVARSE Y TENER DOLORES DE ESPALDA.

¡Pero tampoco vamos a pasarnos y a ir con el pecho palomo por todas partes! Piensa en el típico movimiento de la cobra, el que haces cuando te van a besar y te echas hacia atrás porque no quieres que lo hagan: la cabeza retrocede unos centímetros y los hombros también se desplazan hacia atrás. Este debe ser el movimiento que tengas en mente. También, si andas un poco más rápido de lo que sueles hacerlo (a menos que ya de por sí camines muy deprisa, claro) puedes conseguir aumentar un poco tu energía física y que los demás lo vean. Una persona que camine de forma enérgica suele ser percibida como más vital, con más confianza en sí misma. Y procura mantener la vista recta y mirar hacia delante, no hacia el suelo (o hacia el móvil, que nos conocemos) para no chocarte con ningún obstáculo y proyectar una imagen de seguridad, no de timidez.

Cuando no estamos andando, sino quietos y de pie en algún sitio (con colegas, o esperando al autobús...) también es importante mantener una expresión corporal firme y adecuada. Si las piernas están ligeramente abiertas, en forma de triángulo, la sensación de seguridad que transmitiremos será mayor, porque el peso de nuestro cuerpo se distribuirá de una manera más estable y nuestro centro de gravedad estará algo más abajo. Pero no vayamos a pasarnos y a abrirnos de patas como un vaquero del lejano Oeste, que nos conocemos. Eso sí, mantener siempre la misma postura estática puede ser muy cansado, así que hay varias opciones por las que ir rotando: podemos ir dejando caer el peso del cuerpo sobre un pie y luego sobre el otro, cambiando de vez en cuando, lo que da una sensación muy interesante. Si no estamos en conversación con otra persona, cruzar los brazos sobre el pecho está bien; si lo estamos, mejor evitarlo, a menos que queramos transmitir desacuerdo, cerrazón o que no queremos escuchar a nuestro interlocutor. Podemos meter una mano en el bolsillo (si tienes, claro, que no sé si lo sabes, pero la mayor parte de la ropa de mujer no tiene bolsillos o los tiene muy canijos ¡para que tengan que comprarse un bolso!). También otra opción es apoyarse ligeramente sobre una pared o elemento estructural, lo que puede resultar atractivo, ¡pero he dicho ligeramente! Es fácil cruzar la línea y parecer pasota si te recuestas demasiado.

Una postura que te voy a recomendar en concreto para clase o para el trabajo, cuando tengas que hacer alguna presentación en público y escuchar de pie mientras otros hablan, es una que da solución a la eterna pregunta de ¿qué hago con las manos? ¿Las guardo, las dejo a los lados, las cruzo, las pongo en jarras…? Yo sugiero que eches los brazos detrás de la espalda y cruces las manos por detrás, cogiéndote una con la otra a la altura de la muñeca, casi de manera militar.

EN ESTA POSTURA NOS EXPONEMOS POR COMPLETO, Y ASÍ TAMBIÉN TRANSMITIMOS FUERZA, CONFIANZA Y QUE NO TENEMOS MIEDO A ESTA EXPOSICIÓN. ¡VALE PARA CUALQUIER TIPO DE PERSONA!

Si no estamos de pie, sino sentades, se nos abre un mundo de oportunidades y de posturas que adoptar. De nuevo, hay ciertas expresiones corporales que en nuestra sociedad se leen como femeninas y otras que se leen como masculinas, así que voy a separar los consejos dependiendo de si queremos transmitir una u otra cosa.

Una postura atractiva que desprende feminidad es mantener las piernas pegadas, en paralelo, y dejar que se venzan hacia un lado; o bien poner la espalda y el cuerpo más rectos y estirarlas. Cruzar las piernas se suele ver como un gesto femenino y, a menudo, es muy cómodo, pero he de decir que no es la más recomendable. ¿Porque no es atractiva? ¡Al contrario, lo es y mucho! Pero puede tener efectos negativos en nuestra salud postural a largo plazo; ningún cuerpo es completamente simétrico y tendemos siempre a cruzar una pierna concreta por encima de la otra, lo que puede descompensar las caderas y provocar dolores de espalda o en las articulaciones. Si quieres cruzarlas por comodidad o por ligoteo, procura irlas alternando de vez en cuando, ¡porque si no, es igual que ir al gimnasio y hacer pesas con un solo brazo!

Para transmitir masculinidad con nuestra postura en posición sentada, ¡también podemos cruzar las piernas! Suele ser un cruce distinto, en el que doblamos una de las piernas hasta la rodilla o apoyamos la mitad de la pierna en el muslo de la otra, o bien un tobillo sobre el otro. Se aplica lo mismo que he dicho antes de ir alternando para no acabar con dolor de espalda ni problemas articulares. Es buena idea tratar siempre de mantener una postura erguida, ¡sin que se vuelva tiesa, como si te hubieran atravesado con un palo! La espalda recta, con la musculatura abdominal activa, que para eso sirve. Otra opción es sentarse con las piernas en paralelo y los pies mirando hacia el frente, ¡pero sin que estén muy abiertas! Sobre todo si hay más gente sentada cerca, es importantísimo que les dejes espacio suficiente para sentarse de manera cómoda. Nada de hacer *manspreading* y repanchingarte con las piernas abiertas mientras la chavala de al lado está encogida con las piernas dobladas; eso transmite el mensaje de que te la sopla el bienestar de los demás y eres egoísta, que prefieres estar tú más cómodo y que les den al resto. ¡No es un mensaje nada atractivo! En general, recostarse en el asiento pasando de todo no da aspecto de malote sexy, sino de pasota maleducado que se ha quedado anclado en el instituto a los quince años, o de que te pesan tanto los huevos que necesitan medio metro de espacio.

Dentro de una conversación, nuestra postura se vuelve aún más importante: la persona que te interesa estará más activamente pendiente de ti, analizando de forma subconsciente tus movimientos y sintiéndose aludida por ellos. ¡Así que vamos allá!

El torso abierto es crucial en un intercambio no verbal. Muestra vulnerabilidad, disponibilidad, que no estás a la defensiva y que estás abierto a la persona que tienes delante; comunica que confías en ella para que no te hiera físicamente, porque muestras sin miedo tus órganos vitales. Y, vale, no creo que tu *crush* esté pensando que qué bien que le dejas libre el camino

a tus intestinos para darte una puñalada (y si lo está, sal corriendo, por favor te lo pido), pero quizá sí tenga en cuenta, sin saberlo, que le dejas el camino abierto a tu corazón. ¡Se aplica tanto en un contexto romántico como sexual, y también social en general! El mensaje que envías, en resumen, es: yo me siento cómode contigo y me fío de que no me harás daño, así que tú también puedes sentirte cómode. Sin embargo, cruzarnos de brazos o interponer cualquier otra barrera física entre ti y tu interlocutor es el equivalente a ponerse un escudo, a dejar claro que no te fías; puede dar una impresión de ti como una persona cerrada, y que la otra persona entienda que no estás disponible emocional, sexual o socialmente, ¡que no te interesa! Y nada más lejos de la verdad, ¿no?

Hay un razonamiento muy similar a este que se aplica a las posturas y gestos en los que enseñamos las palmas abiertas y vacías de las manos. Saludar o despedirse con la mano en el aire, darle la mano a alguien… Son gestos que nos acercan más a los demás y que también generan confianza, y es así de sencillo: ¡no escondemos nada en la mano! No guardamos una roca, un cuchillo ni cualquier otra arma en las manos, ni tenemos los puños cerrados para golpear a un atacante, y esto es algo que los seres humanos reconocemos como peligro desde siempre, de manera instintiva. No solo eso, sino que se le suman los siglos y siglos de mensajes culturales en este sentido, en los que se enseñaba que alguien venía en son de paz con gestos que mostraban las manos libres y abiertas, fuera de los bolsillos y sin malas intenciones. Por eso, cualquier postura en la que mostremos las manos nos conviene para dejar clara nuestra franqueza y que somos gente de fiar.

El contacto visual es una cuestión que ya hemos comentado un montón de veces y ya sabemos lo importantísimo que es. Genera confianza y ayuda a poner énfasis y fuerza en nuestra comunicación, a transmitir sinceridad y a que la otra persona sepa que estás prestando atención y tienes interés en lo que te cuenta. Si te cuesta mantenerlo, puedes mirar entre las cejas o ir alternando, o al tabique nasal, pero evitar por completo la mirada hará que piense que no te interesa, que no eres una persona transparente o que ocultas algo. De nuevo, cuidado con pasarse y hacer sentir incomodidad; no queremos que tu interlocutor piense que le observas como a un bicho en el microscopio y que se crea vigilado, sino que sienta que es importante para ti. Mirar de vez en cuando la boca de tu *crush* mientras habla puede dejar claras tus intenciones, y si te la mira a ti… ¡ya sabes lo que pasa!

De la importancia de las sonrisas ya hemos hablado también, pero quiero recalcarlo: siempre que sea relevante a la conversación, ¡es mejor sonreír que no hacerlo! Nos acerca entre seres humanos, muestra buena voluntad y buen humor, y cuando es genuina se contagia muy fácilmente. Eso es importantísimo, de hecho: asegúrate de que tu sonrisa es genuina, auténtica de verdad. No sonrías solo con la boca; deja que toda la cara, todos los músculos faciales participen de la sonrisa, sobre todo los ojos. Que se te arruguen los párpados, que se te inflen las mejillas, y que no haya tensión incómoda en la mandíbula como si la estuvieras apretando de incomodidad. No hace falta que sea una carcajada: con que sea una sonrisa pura y sincera basta, y siempre aumentará tu atractivo. ¡Todo fluirá mucho mejor!

Por supuesto, la postura erguida y con los hombros ligeramente echados hacia atrás no es algo que solo se aplique al estar fuera de una conversación,

¡se emplea en cualquier momento! Eso sí, procura no transmitir una sensación de superioridad, o quizá tu interlocutor crea que te sientes por encima; es importante que el ambiente sea de igualdad y de confianza, nunca de aparentar ni de presumir. Incluso te ayudará a mantener la calma, el tener los hombros algo echados para atrás, ¡porque contribuirá a que respires mejor, con los pulmones más llenos!

Por último, no solo son importantes los movimientos en sí, sino también la manera en que los llevamos a cabo. Especialmente el *timing*. ¡Intenta que tus gestos sean pausados, más o menos lentos! La gente con movimientos muy rápidos muestra nerviosismo, porque esto puede indicar que su mente le está mandando señales subconscientes de que salga corriendo, que está en peligro, ¡también cuando no es verdad! Lógicamente, si hay fuego, ¡corre! Pero en las demás situaciones, pregúntate si de verdad tienes tanta prisa o no pasa nada por ir más tranquilo, más despacio, que no se va a morir nadie. Moverte, e incluso hablar, de manera pausada, te ayudará a transmitir tranquilidad y seguridad a la gente que te rodea. En mi caso, esto es algo que me cuesta horrores, porque soy puro nervio; no paro quieto, siempre me lo dicen, y sé que esto puede a veces transmitir mensajes no deseados o poner también nerviosas a las personas de mi alrededor, pero me cuesta mucho controlarlo. ¡Todes tenemos cosas que nos cuestan y que nos gustaría mejorar! ¿Cuál es la tuya?

POSAR

Hace, digamos, quince o veinte años, saber posar no era una habilidad demasiado importante, a no ser que fueras modelo o actor. De vez en cuando te podían hacer fotos, que luego acabarían en algún álbum familiar de esos que se sacan en las cenas de Navidad para recordar viejos tiempos, pero a nadie le va a importar que salgas más o menos favorecido en la foto con tus primos en Torrevieja.

Sin embargo, para bien o para mal, los tiempos han cambiado. Vivimos en una sociedad donde lo habitual es tener redes sociales; un móvil que puede hacer fotos y vídeos de calidad decente y una conexión a internet para subirlas y mostrárselas al mundo. ¡Lo normal es hacerse selfis! Pero no a todo el mundo nos gusta vernos en la pantalla del móvil, ni sabemos cómo sacarle partido a la cámara, y se suelen oír cosas como: «No sé posar», o «Es que yo siempre salgo mal en las fotos», o «No soy nada fotogénico»…

Saber hacerse selfis en las que sales bien, con las que estás a gusto y sientes comodidad para subirlas a redes sociales se ha convertido en una nueva habilidad que muchas veces nos vemos casi en la obligación de dominar. Nos guste o no, conocemos a un montón de gente nueva por redes, y nuestras fotos suelen ser una especie de carta de presentación.

¿Cuál es tu foto de perfil o tu avatar? ¿Es una selfi?, ¿es una foto grupal con tus amistades?, ¿es una foto de tu perro?, ¿es un dibujo animado? Sea como sea, usas esa imagen porque quieres transmitir algo a través de ella. Y lo más probable es que quieras transmitir algo positivo: quieres que te perciban como una persona atractiva, agradable, simpática… O quieres dejar

claros tus intereses, tus aficiones, el equipo del que eres, el anime que te gusta, ¡lo que sea! Esa también es una forma de comunicarnos no verbalmente, ¿lo habías pensado alguna vez? Por eso también es importante ser consciente de qué mostramos al mundo mediante las fotos, las imágenes o las selfis. No hablo de que tengan que estar todas supercuidadas y salir como modelos, para nada; pero si les quieres sacar partido a estas fotos personales y no sabes cómo, a lo mejor puedo echarte una mano.

Lo primero que debemos tener en cuenta es que ninguna foto es la realidad. ¡Ninguna! Es, como mucho, una interpretación concreta de la realidad, a través de un ángulo y de una lente, que plasma solo una diminuta faceta de lo que somos y mostramos en la vida real. Y las de los *influencers* o la gente famosa son aún menos reales: hay muchos programas para editar las fotos y los vídeos, para ponerse filtros y para quitarse arrugas. Nadie es tan sexy como sale en su mejor foto, y nadie es tan horrible como sale en su peor foto, eso es un hecho. Igual que es un hecho que todos tenemos caras y cuerpos asimétricos e imperfectos. ¡Y eso está bien! Sería aburridísimo si fuéramos perfectes. Además, ¿qué significa «perfecto», en realidad? Lo que para mí es perfecto, quizá para ti es un espanto, así que no existe una definición de la perfección. Todes tenemos pelos en el cuerpo y en la cara porque somos mamíferos, y todos tenemos un ojo más grande que otro, una ceja más peluda que la otra, granos, cicatrices, arrugas, estrías, varices, pliegues… ¡Y no pasa nada! ¡Son cosas normales y buenas, porque significa que somos de carne y hueso! El problema es cuando te crees esa imagen sesgada y distorsionada que transmiten las redes y los medios, y crees que es posible y alcanzable ese tipo de perfección y te obsesionas con ella.

Cuando nos comparamos con esta clase de imágenes, es normal que al intentar hacernos las primeras fotos las veamos rarísimas y terribles. Primero, porque no tenemos la experiencia a la hora de posar que otra gente sí tiene, y segundo, porque nos estamos comparando con una irrealidad. Pero en general, si no te sueles sacar muchos selfis porque siempre te parece que salen extraños, también puede ser por estos motivos:

1.   La lente de la cámara

Vemos el mundo a través de nuestros ojos, que también tienen una lente dentro, el cristalino. Las cámaras ven y capturan imágenes a través de sus lentes, que irremediablemente distorsionan en mayor o menor medida lo que ven, porque ¡no son perfectas! Ninguna lente de ninguna cámara va a tener tanta precisión como tus ojos; y mucho menos la lente chiquitina de tu móvil. Pueden deformar tu cara y tu figura dependiendo de factores como la luz, la calidad o lo cerca o lejos que estés de la cámara. Esto es muy fácil de comprobar: hazte una selfi desde muy cerca, con la nariz casi pegada a la pantalla, y mira la foto con tu rostro, te verás nariguda y tendrás la cara más alargada, estirada en vertical. Sin embargo, si haces la foto desde bastante más lejos (ayúdate del temporizador del móvil, si lo necesitas), verás que tus proporciones faciales son más armónicas, más redondeadas y tu cara más ancha. Se debe a la distancia de enfoque, por lo que es buena idea conocer este concepto y buscar la distancia en la que te sientas más a gusto.

2.   El ángulo de la foto

No solo importa la distancia, sino también la orientación; nuestra cara y nuestro cuerpo no se ven iguales cuando tiramos la foto desde arriba o desde abajo, desde un lateral, con la cámara trasera o con la delantera. El ángulo también puede influir mucho en la iluminación; si estás sacando la foto desde un lateral y la luz viene de lado, quizá se hagan sombras con las facciones de tu cara que no te resulten favorecedoras. Cuando la luz viene de cara, puede que las sombras sean menos agresivas y te veas mejor en la foto.

3.   ¡Es una cámara, no un espejo!

Parece lógico,¿verdad? Pero hay mucha gente que se intenta sacar selfis y pretende salir exactamente igual que como se ven en el espejo, ¡y el problema no son elles, sino que las cámaras no son espejos ni funcionan de ese modo! En primer lugar, porque no aparecemos invertidos. Estamos tan, pero tan acostumbrados a ver nuestro reflejo invertido en los espejos, que al ver nuestra imagen sin invertir en la cámara se nos hace rarísimo: las pequeñas asimetrías de nuestra cara se nos hacen inmensas y nos causa mucho rechazo, ¡porque no nos reconocemos! Una manera de mitigar esto es configurar que los selfis se inviertan automáticamente al hacerlas, que muchas cámaras del móvil ofrecen esta opción, o invertirlas manualmente en alguna app de edición fotográfica. Solo con eso ya verás que cambia muchísimo; no es que te hayas vuelto feo de repente al sacarte el selfi y en el espejo seas un guaperas, sino que tu cerebro tiene tan vista la imagen invertida de tu cara que te dice, literalmente: «¡Pero si no eres tú!».

Por todos estos motivos y otros muchos, más técnicos y relacionados más bien con cómo funciona una cámara en sí misma, la mayoría de la gente suele pensar que tiene un perfil bueno y uno malo. O, como mínimo, un perfil más favorecedor que el otro; uno de los dos lados de la cara le gusta más cómo sale en las fotos. Esto puede cambiar a lo largo del tiempo, con la edad, con los cambios de estilo, con las evoluciones personales o con algo tan sencillo como un corte de pelo diferente.

Si aún no sabes cuál es el tuyo, ¡enhorabuena! ¡Estás de suerte! Eso significa que puedes pasar un rato entretenido haciéndote selfis a porrillo para intentar averiguar cuál de tus dos perfiles te gusta más. ¡Es bastante fácil de identificar! Antes de nada, hay que recordar que no se trata de pensar cuál de nuestros lados de la cara es más «objetivamente» atractivo, porque eso no existe; a cada persona le resultarán atractivos unos rasgos físicos u otros, y no somos tan asimétricos como para que haya tantísima diferencia. La clave es encontrar el perfil con el que tú te sientes más a gusto, porque será precisamente esta comodidad la que te llevará a presentarte ante el mundo con más confianza y más seguridad, ¡y será esto lo que aumente tu atractivo a ojos de los demás, no tu cara!

Lo que te aconsejo es básicamente eso: ¡que te hagas un montón de fotos! Prueba a hacértelas primero ante el espejo, fotografiando el propio espejo con la cámara trasera en vez de que sean un selfi con la delantera, si te sientes más cómode con la imagen que te devuelve el espejo. Ensaya diversas poses; gira la cara ligeramente hacia un lado o hacia el otro, muestra

el lateral izquierdo y el derecho, levanta más o menos la mandíbula, ¡todo lo que se te ocurra!

Recuerda que no tienes por qué enseñarle a nadie estas fotos, ¡ni ninguna foto que te hagas jamás, ya de paso!, que son solo para ti, para que descubras cómo te sientes más a gusto. Dale visibilidad a una zona de tu cara u otra y analiza cómo te sientes al respecto. Son importantes las primeras sensaciones automáticas, el típico «Ay, qué guapa me veo aquí» o el «Uf, esta la borro ahora mismo», pero también es importante dejar que reposen y verlas en otro momento, en frío, sobre todo si te preocupa o te causa agobio tu imagen física. Hazte muchas, en varias situaciones distintas, y selecciona las que más te gusten. ¿Ves algo en común entre ellas? ¿Quizá son todas, o la mayoría, de una parte concreta de tu cara? ¡Felicidades! ¡Has encontrado tu perfil bueno!

AHORA YA PODRÁS POSAR CON ESE PERFIL Y SENTIR QUE TIENES UN CIERTO GRADO DE CONTROL SOBRE TU APARIENCIA, QUE TE HACE SENTIR BIEN ¡Y ESO ES LO QUE TE DARÁ CONFIANZA EN TI MISME!

La altura de la cámara y los ángulos en general, como he dicho antes, también son importantísimos. ¡Y también estamos de suerte! Hay ciertos ángulos que suelen favorecer a la gente. Igual que solemos tener un lado bueno, también es muy normal que tengamos ángulos concretos de cámara con los que sintamos más comodidad y nos veamos mejor. De la misma forma que antes, podemos aprender a encontrarlos para controlarlos, probando muchas opciones hasta que hallemos las que más nos gustan. Pero te tienen que gustar a ti, ¡eh!; lo que le funciona a tu mejor amiga no tiene por qué funcionarte a ti, ni la foto en la que tu novio te ve guapo tiene por qué ser en la que te ves guapo tú.

Para conseguir esto, te recomiendo pensar en la lente de la cámara como en unos ojos. Cuando miramos a una persona, siempre la vemos a la altura de nuestros ojos; si es más alta, tendremos que mirar hacia arriba, y si es más bajita miraremos hacia abajo, pero nuestra línea de visión es invariable. A la cámara le pasa lo mismo, solo que con su lente. Hay gente que se ve mejor en las fotos cuando la altura de la cámara queda por encima de sus ojos, y hay gente a la que le pasa lo contrario, que se ve mejor cuando la cámara «mira» por debajo. ¡Prueba y descubrirás cómo prefieres tú!

No solo afecta a nuestra cara, sino también a nuestro cuerpo, claro; el ángulo de la foto puede cambiar muy fácilmente la manera en que el cuerpo aparece en la imagen. Por ejemplo, una foto tirada desde arriba en lo que se llama un ángulo picado, pondrá el énfasis siempre en tu rostro y el cuerpo quedará más oculto. Y al revés, una foto tirada desde un ángulo muy bajo, casi desde los pies, en un contrapicado, resaltará el cuerpo y lo hará parecer más alargado y que ocupe más espacio en vertical en la foto. ¡Este es un truco que se usa en modelaje para aparentar más altura en las fotos! Un ángulo así muy extremo llega a dar la impresión de que tu modelo es una persona altísima, que te está mirando desde arriba a punto de pisarte.

Aparte de trucos de fotografía, también hay trucos físicos que la gente practica para salir de una determinada forma en las fotos. Lo más sencillo del mundo es chuparse para dentro las mejillas, de forma que parezcan hundidas hacia dentro, como si fuéramos más delgados o tuviéramos unos pómulos más prominentes; esto, sin embargo, se nota mucho y no es precisamente un truco sutil que te recomiende. Otro que no falla es apoyar la lengua en la parte de arriba del paladar, ejerciendo algo de fuerza; así harás que tu mandíbula se marque un poco más, si eso es algo que te interesa. Hay quienes llegan incluso a apretar los dientes mientras posan, y esto puede marcarla todavía más, pero es muy fácil que quede muy forzado y se note que no es tu cara normal. ¡Todos estos trucos los usan modelos, actores, cantantes y demás!

Bueno, ¿y qué pasa con eso de sonreír en las fotos? Cuando dicen «patata», ¿te sale natural sonreír o te cuesta? Si es algo que te resulta difícil, que sepas que no estás sole: a mí me pasa lo mismo. ¡No sé sonreír en las fotos! En concreto, no sé sonreír enseñando los dientes y que no me quede forzada la sonrisa, se me da fatal. Pero hay muchísima gente que transmite un montón con su sonrisa, especialmente si les sale de manera natural y si su felicidad es genuina. Lo vuelvo a repetir una vez más: no hay sonrisa fea, si es auténtica. Conocer tu sonrisa, reconciliarte con ella si no es tu parte favorita de la cara, es importante; es una señal de felicidad y de alegría que tu cuerpo quiere compartir con quien te rodea, y por eso sonreímos. Debemos valorar las sonrisas por lo que son y transmiten, antes que nada.

Pero, desde luego, no es imprescindible sonreír para mandar un mensaje en tus fotos. Ni siquiera para transmitir felicidad. Tu mirada y tu expresión facial también hablarán por ti, porque son parte de tu lenguaje no verbal; aunque no estés sonriendo de oreja a oreja, el brillo de tus ojos puede reflejar tu simpatía, o la manera en que miras a la cámara denotar que estás tranquile y a gusto. Lo más sencillo, y lo más importante también, para que puedas transmitir algo positivo en una foto es buscar la comodidad a la hora de hacértela. Por eso insisto en que practiques mucho, porque posar en las fotos no deja de ser una habilidad que se entrena y en la que se adquiere más práctica cuanto más lo haces; si aprendes a dominar tus ángulos y a estar relajade delante de la cámara, sentirás que te favorece mucho más que si se te nota en el cuerpo el miedo a la foto. Intenta tener buenas sensaciones, asociar el momento a buenos pensamientos, y de manera subconsciente eso se transmitirá a través de tu expresión facial y corporal, ¡tanto en las fotos como en la vida real!

Y UN ÚLTIMO TRUCO: SI SIENTES QUE, HAGAS LO QUE HAGAS, NO ESTÁS SALIENDO BIEN Y NO TE VES EN LA FOTO COMO SUELES VERTE O COMO TE GUSTA VERTE, ¡PARA UN MOMENTO!

Destensa los músculos de la cara. ¡Gesticula a lo bestia! Abre mucho la boca y la mandíbula, los ojos, alza las cejas; ejercita un ratín toda la musculatura facial todo lo que puedas. ¡Y luego, vuelve a posar! Verás como te ves diferente, que tu cara ha cambiado, porque ahora está más relajada. ¡Es como cuando te crujes la espalda porque te duele y luego estás más a gusto!

¿TE ESTÁN MINTIENDO?

Si bien no hay ningún gesto ni expresión que signifique de forma cien por cien segura que alguien te está mintiendo, como en todo este tema de la comunicación no verbal, hay patrones; patrones que significan que quizá una persona no sea del todo sincera, que oculta algo (ahora, a saber por qué) o que exagera. Esto quiere decir que, con determinados movimientos y reacciones, a lo mejor podemos estar un poco más preparades para enfrentarnos a la gente mentirosa y, ¿quién sabe?, ¡tal vez hasta podamos pillarles *in fraganti*!

Te voy a mostrar unas herramientas que debes analizar con cuidado, porque aunque sí, pueden denotar insinceridad, también pueden significar muchas otras cosas: nervios o miedo, falta de seguridad en ti misme, rasgos del espectro autista... ¡Son una ayuda, no una certeza! Yo te las comento para que te puedas preparar, pero cuidadín con ir acusando a alguien de mentir porque se rasca la nuca con nerviosismo y ya, ¡que perfectamente puede ser porque le ha picado un mosquito!

1.   Tocarse el cuello

Cuando una persona no para de tocarse el cuello sin razón aparente, puede deberse a los nervios, a una sensación de ansiedad o al miedo en general. ¿Y qué hay que nos dé más miedo, cuando estamos mintiendo, que la posibilidad de que nos pillen? ¡Recordemos que ninguna de estas cosas son una prueba al cien por cien de que te mienten! También puede

ser que esa persona esté nerviosa, por ejemplo, porque le gustas o porque hoy tiene una entrevista de trabajo. Pero si se dan todas a la vez, blanco y en botella... Sobre todo, esta señal se hace más clara cuando se toca el pequeño hueco en forma de uve que hay bajo la garganta, llamado horquilla esternal. Si lleva corbata, puede que intente ocultarlo ajustándosela o aflojándola, porque la presión de estar mintiendo a menudo provoca un picor u hormigueo involuntario en la piel del rostro y del cuello, ¡y eso da muchas ganas de rascarse! Otro gesto que solemos hacer para que no se note es tirarnos del cuello de la camisa o del jersey, como si nos ahogase o nos diera demasiado calor. ¡Muchas veces ni siquiera somos conscientes de por qué lo estamos haciendo! También puede indicar enfado o frustración, que a su vez son reacciones normales si te pillan en una mentira, claro está.

2.   Movimiento de las extremidades

Cuando estamos cómodes y segures, ya hemos visto antes que solemos tender a ocupar espacio físico, a abrir y extender las extremidades. Sin embargo, si sientes incomodidad, nervios, inquietud o cerrazón, los movimientos que harás serán distintos, más hacia ti: te tocarás la cara, las orejas o la nuca, mantendrás cerrados los brazos y las piernas, y la postura, en general, será más rígida e inmóvil. Todo esto puede ser una señal de que no queremos dar información; lógicamente, puede deberse a que nos está pidiendo el Instagram un pesao terrible, o puede deberse a que estamos mintiendo descaradamente. Estas señales de distanciamiento a menudo son muy sutiles, y más todavía si la persona está sentada y pueden achacarse, por ejemplo, a una silla incómoda. Lo importante es fijarse en si la postura corporal contradice las palabras que se pronuncian verbalmente, ¡así se pillan las incoherencias, cuando algo no encaja!

3.   Sorpresas falsas

¿Qué quiere decir esto? Todo el mundo se puede sorprender ante una información chocante o una situación nueva, pero es importante prestar atención: si la persona ya conocía ese dato y, por tanto, no le sorprende, quizá intente fingir sorpresa ante su interlocutor. ¿Y cómo identificamos cuándo es falsa una sorpresa? No es difícil, porque nos podemos guiar por el tiempo de expresión facial. La sorpresa genuina es un gesto rápido y fugaz: se levantan las cejas, se abren los ojos y la boca, pero no por más de un segundo, por lo general. Si dura mucho más que eso, ¡empieza a sospechar!

4.   Frotarse los ojos

Una reacción instintiva ante cosas que nos desagradan es taparse los ojos o retirar la mirada, y lo mismo pasa cuando estamos frente a una situación tensa como es tener que mentir. La gente que lleva maquillaje y no se puede frotar los ojos, o que tiene una expresión corporal más delicada, suele acariciárselos; otras personas quizá se los froten con fuerza o aparten del todo la vista, cuando la mentira es tan grande que es difícil de sostener. También nos puede llevar a pestañear mucho más, porque bajo presión (y mentir es una gran presión) aumenta nuestra tasa de pestañeo normal, que suele estar entre seis y ocho veces por minuto. ¡Sin embargo, también puede ser cansancio, sueño o que la pantalla del ordenador le haya dejado los ojos más secos que una pasa!

5. Cómo me pica la nariz...

Al mentir se suelen liberar unas sustancias químicas denominadas catecolaminas, que hacen que se inflame el interior del tejido nasal y, por tanto, que nos pique y nos llevemos allí las manos. ¡Hay hasta quienes asignan motivos a las diversas zonas de la nariz! Supuestamente, si es en la parte de debajo de la nariz, indica desprecio o disgusto; si es el lateral, tendría que ver con el físico o la imagen de alguien, y al tocarse la parte de delante estaría relacionado con una sensación de curiosidad o de interés. De la misma forma, si alguien hincha las fosas nasales, suele ser una señal de enfado; si arruga la nariz, de disgusto o de asco.

6. Ocultar los pulgares

Si apretamos los puños y metemos dentro los pulgares, eso puede denotar que no queremos comunicar todo lo que sabemos, o malestar en general a la hora de exponer o revelar información. Es buena idea prestar atención a los pulgares de la gente cuando te están jurando que dicen la verdad, o dándote muchos detalles, a ver si están visibles o no. ¡También puede ser una falta de compromiso! En general, es signo de cerrarse ante las cosas, y si eso no concuerda con lo que nos dice por la boca, algo pasa.

7.   Mirada evasiva

Ya hemos hablado mil veces de lo importante que es la mirada, mantenerla en su justa medida, porque a menudo se interpreta como gesto de insinceridad. ¿Por qué? Porque la mirada de una persona mentirosa suele ser mucho más evasiva que la de una honesta, ya que de manera inconsciente intentará huir del juicio que supone mirar a los ojos a alguien a quien estamos mintiendo. Nuestra mirada deambulará sin rumbo, tratando por todos los medios de que no se cruce con la de nuestro interlocutor para que no nos delate. Sin embargo, hay gente que de forma natural tiene mucha más facilidad o comodidad para aguantar la mirada que otra, ¡tanto si mienten, como si no! Es una pista más a tener en cuenta, nunca una seguridad completa.

8.   Labios que desaparecen

Cuando tu interlocutor esconde constantemente los labios hacia dentro y dejan casi de verse, se convierten en un pliegue, esto puede indicar que está reprimiendo cosas que querría o debería decir, de manera consciente o no. También es posible que indique nerviosismo en general, sobre todo, si se mordisquea los labios o se arranca pequeños pellejos. Esto puede deberse a muchas razones, pero la que nos importa aquí es que quizá sea porque evita contar sus auténticos sentimientos o decir las cosas con honestidad en cualquier otro aspecto.

9.   Una sonrisa sincera

También hemos hablado de la importancia de las sonrisas; de que sean genuinas. Un aspecto que suele darse en las sonrisas sinceras son las arruguitas en los ojos y en las comisuras de los labios, y esto es porque para sonreír de verdad usamos muchísimos músculos de la cara, ¡hasta diecisiete en total! Si no los utilizamos y nos limitamos a curvar ligeramente la boca, puede significar que la sonrisa no es auténtica, sino que la estamos forzando, ¡quizá para intentar convencerte de una mentira! Haz la prueba frente al espejo, tápate la boca y sonríe, primero solo con la boca de manera falsa, luego con la cara entera. ¿A que hay diferencias? Esto lo hemos notado mucho durante la pandemia, que enfatizábamos la sonrisa para que llegara a los ojos, ¡porque con la mascarilla no se nos veía la boca!

10.   Ruborizarse

Hay personas que se sonrojan mucho más fácilmente que otras, y esta es una reacción que no podemos controlar, al contrario que otras como mover las manos o sonreír. Se trata de una acción involuntaria ante una situación de peligro del sistema nervioso simpático (esto no significa que sea muy majo, sino que en lenguaje médico quiere decir el subconsciente, el que no controlamos activamente). Nos entra adrenalina en las venas y eso produce el rubor, que puede ser porque estás enamorade ¡o porque te sientes en peligro ante la posibilidad de que descubran la trola que acabas de contar!

11.   Negación con la cabeza

Este es otro ejemplo de que debemos buscar la coherencia entre los gestos y expresiones no verbales de la gente y la comunicación verbal explícita. Cuando alguien nos está contando una historia y, al mismo tiempo, no deja de negar con la cabeza sin darse cuenta, ¡nos revela la verdad! De forma inconsciente, la incoherencia entre la realidad y la mentira le lleva a negar con la cabeza, a indicar que esa historia no ha ocurrido de la manera que nos explica.

12.   Ríos de sudor

Esta es otra reacción involuntaria y que no podemos controlar, para bien o para mal: nadie puede apretar un botoncito y dejar de sudar por arte de magia, ni tampoco ponerse a sudar a chorros cuando le apetece. Sudamos como mecanismo para enfriar el cuerpo ante el calor o ante situaciones de peligro, como podría ser huir de alguien que nos ataca, lo que se extiende a momentos estresantes en general. Y ya hemos dicho que mentir, a menos que seas una persona cruel y sin sentimientos, y que tampoco te importen las consecuencias si te pillan o no, a menudo es bastante estresante. Si no hace calor ni es un momento tenso por otros motivos, pero la cara de tu interlocutor empieza a perlarse de sudor de repente…

¡HAY GATO ENCERRADO!

En general, todas estas cuestiones aparecerán de manera distinta en cada persona, porque debemos recordar que todos somos diferentes. Todo el mundo actúa de forma particular y distinta ante situaciones de estrés, de nervios o de tensión, así que lo mejor para detectar mentiras es conocer bien a la persona que tienes ante ti. Si ya sabes cómo se comporta habitualmente, es más sencillo pillar cuándo ese comportamiento cambia y si está siguiendo uno o varios de estos patrones. Con un desconocido o alguien con quien no tengas tanta confianza siempre será más difícil, porque ¡a lo mejor le cuesta mirar a los ojos a todo el mundo siempre, no solo a ti!

Y esto se aplica a todo el libro, a todo el lenguaje no verbal: busca y crea el tuyo propio, personal, no te quedes solo en la imitación.

IGUAL QUE NADIE HABLA EXACTAMENTE IGUAL QUE OTRA PERSONA, ¡TAMPOCO NOS MOVEMOS NI NOS EXPRESAMOS IGUAL! SÉ TÚ MISME, ESO ES LO MÁS IMPORTANTE, ¡LA MIRADA AL FRENTE Y ADELANTE!

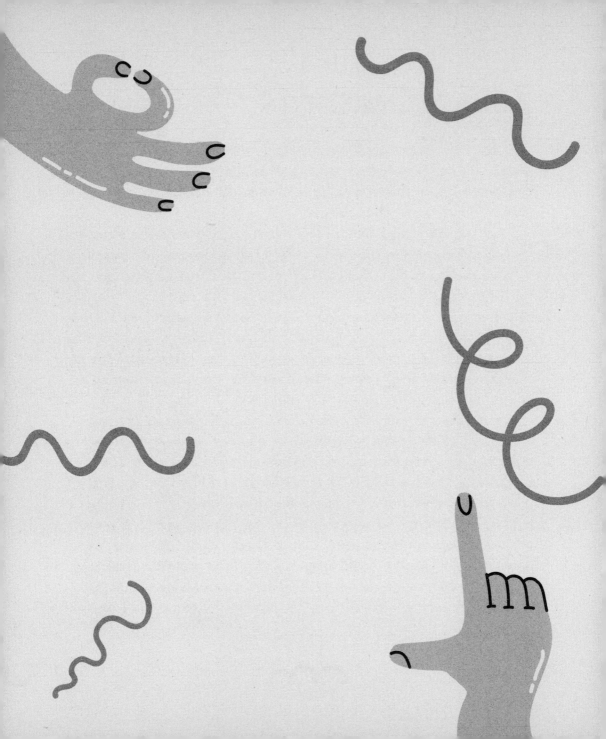

AGRADECIMIENTOS

Cuando empecé a pensar a quién agradecerle este libro, no podía pensar en nadie más que en ti, que me lees; en cada uno de vosotres, mis queridos seguidores, suscriptores y amigues. Me lleváis acompañando ya varios años en mis aventuras, mis vídeos…

Lleváis mucho o poco tiempo siguiéndome, quiero que sepáis que me hacéis sentir muy especial, que sin vosotres nada de esto sería posible y que, realmente, os habéis convertido en el motor principal por el que me levanto todas las mañanas. Gracias por vuestro apoyo a diario, por vuestros comentarios, por vuestros *likes* y por dedicar parte de vuestro día a verme y a disfrutar conmigo. ¡No hay nada que me pueda hacer más feliz! Quiero que sepas que me encantaría conocerte, sí, a ti, a quien está leyendo esto ahora mismo, puesto que doy por hecho que has elegido este libro en vez de cualquier otro y eso ya, para mí, es muy especial.

No puedo irme de aquí sin dar las gracias a los pilares de mi vida: mi madre, mi padre y mis dos hermanitas, que me llevan aguantando ya unos años; sin ellos no sería la persona que soy hoy. También querría dar las gracias a mis compañeros de vida y amigos, ya que sin ellos la vida sería muy aburrida.

Por último, quiero mandarte un mensaje, una reflexión. No toleres nunca que nadie te diga que no tiene sentido soñar con lo que sueñas, que no es posible conseguirlo. Tú y solo tú eres dueñe de tu camino y tú eres capaz de trazarlo a tu antojo. Estudia, fórmate y sé una persona ÚNICA. Escúchate, conócete y pelea por tus sueños. Así disfrutarás mucho más de tu camino. Y créeme, todo llega en esta vida, de una u otra forma, siempre que lo pelees con las ganas suficientes. No es necesario que seas el mejor. Lo que sí que es imprescindible es que seas TÚ, y, ¡sorpresa!, ya lo eres. Ahora solo hace falta potenciar todos tus talentos.

Permítete el lujo de desanimarte, de caer, de equivocarte, pero siempre levántate. Y recuerda algo: si otra gente ya lo ha conseguido, ¿por qué no lo ibas a conseguir tú? Y, si ninguna otra persona lo ha hecho aún, ¿a qué esperas para ser la primera?

Te mando un beso muy fuerte y espero que disfrutes leyendo el libro tanto como yo escribiéndolo, esto va por cada uno de vosotres. PORQUE SIGO A MIKE 🖤.